rororo

ro
ro
ro

ERZÄHL MIR, WIE ES FRÜHER WAR

DIE SCHÖNSTEN WEIHNACHTSGESCHICHTEN AM KAMIN

Ausgewählt
von Barbara Mürmann

Rowohlt Taschenbuch Verlag

Originalausgabe
Veröffentlicht im Rowohlt Taschenbuch Verlag,
Hamburg, Oktober 2023

Redaktion Mattes Daugardt
Covergestaltung Cordula Schmidt Design, Hamburg
Coverabbildung Daniel Rodgers/Advocate Art; Design Cuts
Satz aus der Crimson Pro
bei Pinkuin Satz und Datentechnik, Berlin
Druck und Bindung CPI books GmbH, Leck
ISBN 978-3-499-01372-0

Die Rowohlt Verlage haben sich zu einer nachhaltigen Buchproduktion verpflichtet. Gemeinsam mit unseren Partnern und Lieferanten setzen wir uns für eine klimaneutrale Buchproduktion ein, die den Erwerb von Klimazertifikaten zur Kompensation des CO_2-Ausstoßes einschließt.
www.klimaneutralerverlag.de

FSC www.fsc.org MIX Papier | Fördert gute Waldnutzung FSC® C083411

VORWORT

Wenn bei meiner Großmutter ein Satz mit «Früher» anfing, folgte meistens ein Vorwurf bezüglich meiner Ansprüche und meines Verhaltens im Vergleich zu den Zeiten, in denen sie selbst aufgewachsen war. Aber wenn ich Glück hatte, erzählte sie auch etwas anderes von früher: von ihrer Kindheit, ihrer Liebe zu meinem Großvater, ihren Kindern, vom Krieg, der damit verbundenen Flucht, ihrem neuen Leben in Norddeutschland und natürlich auch von den früheren Weihnachtsfesten.

Viele Erinnerungen an längst vergangene Weihnachtszeiten finden sich in den zahlreichen Bänden der «Weihnachtsgeschichten am Kamin». Wehmütige, aber trotz oft schwerer Zeiten durchaus auch hoffnungsvolle, humorvolle und fröhliche Erlebnisse sind es wert, nicht in Vergessenheit zu geraten.

Tauchen Sie also ein, in dieses Buch von «Früher».

Barbara Mürmann

WEIHNACHTSABEND

Ilse Mucks

Weihnachtstag, die Abendlichter
still versonnen überm See –
zieh den Mantelkragen dichter,
während ich bedächtig steh.

Raureif hänget in den Bäumen,
lastet auf dem Röhricht schwer –
eine Winterwelt zum Träumen,
keine nackte Erde mehr.

Wachsam lass den Blick ich wandern,
nah dem Ufer liegt ein Kahn –
und ich sehe unter anderm
nun den Weihnachtsabend nah'n.

Blutrot geht die Sonne unter,
spiegelt sich noch überm See –
färbt die Winterwelt viel bunter,
während ich andächtig steh.

Herr, dieses Jahr, es schlug mir Wunden –
hab mitunter laut gestöhnt,
doch in diesen Abendstunden
still mich mit der Welt versöhnt.

ERINNERUNGEN AN EIN SCHAUKELPFERD

Heinz Hamm

So, nun war der Weihnachtsbaum wieder einmal fertig geschmückt. Die silbernen Kugeln und Ketten gaben der gut gewachsenen Blaufichte ein wirklich festliches Aussehen, und ich stellte mir vor, wie der Baum vom Kerzenlicht verzaubert würde. Wir sind nämlich noch so eine altmodische Familie, die keine elektrische Baumbeleuchtung hat, weil wir das warme Kerzenlicht und den Tannenduft nicht missen mögen. Als die Kinder erwachsen wurden, drängten sie zur Modernisierung der Weihnacht, aber in diesem Punkte blieben die Eltern hart, und in den letzten Jahren fanden unsere Enkel den Christbaum bei den Großeltern immer «klasse».

Draußen dämmerte es schon, und mich überfiel ein Gefühl der Dankbarkeit, das Fest wieder mit der Familie in Stille und Harmonie erleben zu dürfen. Der Baum stand auf alle Fälle bereit, und Heiliger Abend war erst morgen.

Irgendwie muss ich dann wohl ins Träumen geraten sein. Da stand auf einmal der Weihnachtsbaum aus dem Elternhaus vor mir. Bunt geschmückt und darin beständig, denn Modetrends wie «Ton in Ton» oder «in diesem Jahr blau» gab es damals noch nicht. Nach jedem Fest wurde der Baumschmuck sorgfältig überprüft und dann zurück in die Schachtel gelegt, die Oma schon als junge Mutter deutlich mit «Christbaumschmuck» beschriftet hatte. So bekamen wir Kinder ein ganz eigenes Verhältnis zu den einzelnen Stücken. Mein jüngerer Bruder liebte das zartgrüne, mit Goldflitter bestäubte Flugzeug, meine Cousine dagegen den gläsernen Vogel mit dem langen Schwanz, der auf den Christbaumzweigen so zart wippen konnte. Mein Lieblingsstück war ein kleines hölzernes Schaukelpferd, und ich achtete immer darauf, dass es nicht höher im Baum hing, als ich greifen konnte. Dieses Pferdchen hatte eine eigene Geschichte. Lasst mich erzählen!

Wir hatten eine Tante, die eigentlich gar nicht unsere Tante war, sondern die Freundin unserer Großmutter. Zu Beginn des wohlverdienten Ruhestandes war sie wieder in ihr Heimatdorf zurückgekehrt, wohnte in unserer Nachbarschaft und gehörte bald zu unserer Familie. Sie war stets hilfsbereit, wenn im Haushalt wieder mal «Großkampftag» war. Und das war sehr oft, egal ob es ums Einkochen, Backen oder Schlachten ging. Was für uns Kinder aber viel wichtiger war, die Tante hatte immer Zeit, wenn uns irgendein Problem plagte. Sie konnte so gut zuhören und Ratschläge geben! Als ich mir einmal eine böse Erkältung geholt hatte, konnte ich nicht mit meinen Freunden draußen im Schnee umhertoben. Das war schade, denn so schönes Winterwetter gab es nicht oft, zumal in der Adventszeit, und man musste doch abends durchs Dorf gehen, wo hinter den Fenstern die Kerzen leuchteten. Da erschien eines Abends die Tante bei uns, setzte sich zu mir und stellte ein kleines, geschnitztes Schaukelpferd auf den Tisch.

Wenn sie es antippte, schaukelte das Pferdchen.

«Guck», sagte die Tante, «das Pferd hebt den Kopf mal hoch, dann neigt es ihn wieder nach unten. Aber es bleibt doch auf seinem Platz stehen. So geht es den Menschen auch. Mal hoch, mal runter, mal krank, mal gesund. Man muss nur fest stehen bleiben.»

Was die Tante mir sagen wollte, habe ich erst viel später verstanden. Ich bestand aber darauf, dass mein Schaukelpferd am Christbaum hängen müsse. Da hat es dann viele Jahre seinen Platz gehabt, bis ich es 1945 für drei Pfund Zucker an einen Sammler weggegeben habe, zwar mit blutendem Herzen, aber wir hatten durch diesen Tausch zu Weihnachten Zucker und damit auch Plätzchen und Kuchen. Das war für meinen kleinen Bruder mehr wert als ein kleines Holzpferdchen. Wer wollte ihm das nach den Jahren der Entbehrung verübeln?

Aber ich denke noch oft an das Schaukelpferdchen und daran, was es mir zu sagen hatte.

Als meine Frau die kurz gewordenen Kerzen am Adventskranz noch einmal anzündet, schrecke ich aus meinem Traum auf. Vor mir steht unser geschmückter Christbaum, bereit für das Fest.

Aber ich glaube, ich werde mich doch mal nach einem kleinen Schaukelpferd umsehen. Das hänge ich dann versteckt in die Zweige unseres Baumes. Ganz bestimmt im nächsten Jahr!

TANTE HEDWIGS FRIEDENSREICHE

Lieselotte Benedict

Tante Hedwig legte ihre beiden Hände, die sie zu ovalen Schalen geformt hatte, aneinander und erklärte: «Siehst du, so groß ist ein Gänseei, dreimal so groß wie ein Hühnerei.»

Ich war beeindruckt. Ein Hühnerei war schon eine Kostbarkeit. Drei davon zu besitzen, war ein großes Glück, denn dann konnte man einen feinen Rührkuchen backen. Man konnte, wie Tante Hedwig sagte, mit einem Gänseei einen Kuchen backen – so ein Gänseei wollte ich aber erst einmal sehen, bevor ich das glaubte. Und das geschah schneller, als ich dachte.

Tante Hedwig war es gelungen, eine lebendige Gans zu erhamstern – so nannte man die damaligen Tauschgeschäfte. Dabei ging es meist um Lebensmittel, die als eine Art Geldersatz fungierten. Damit war ein neues Tier auf den Hof gekommen, und die Gans bekam gleich einen Namen: Da gerade der Krieg beendet worden war, nannte Tante Hedwig sie «Friederike», also «die Friedensreiche».

Als einziges Kind in einem Haus voller Erwachsener, die wenig Zeit für den Nachwuchs hatten, war ich geradezu eng befreundet mit den Tieren des Hofes. Bei den großen Tieren, vor allem bei den Pferden, war Vorsicht geboten. Es war besser, nicht zu nahe an sie heranzukommen. Die liebsten Streicheltiere waren die Katzen. Wenn ich sie streichelte und sie schnurrten, sang ich leise dazu, und das war schön. Am besten verstand ich mich mit einer Ziege. Ich nannte sie kurzerhand «meine Ziege». Wenn ich mit ihr sprach, hielt sie den Kopf schief. Machte ich eine Pause, machte sie «Mäh!», und ich fühlte mich voll verstanden. Dann gab es noch die Weglauftiere, die nur kamen, wenn man sie fütterte, wie zum Beispiel die Hühner. Zu dieser Gruppe gehörte nun auch Friederike, und es missfiel mir sehr, dass sie mit ihrem langen Hals und dem langen Schnabel die armen Hühner verscheuchte und ihnen fast alle Körner wegfraß. Der Name schien ein Fehlgriff zu sein.

Aber Tante Hedwig wartete gespannt auf die großen Eier und verzieh ihr alles. Gutes Zureden und Extraportionen Körner schienen allerdings nicht zu wirken. Ein Gespräch mit dem vormaligen Gänsebesitzer brachte die Lösung: Friederike war einsam, sie brauchte eine Gespielin.

Eine weitere Gans wurde angeschafft. Ich erinnere mich nicht, dass sie einen Namen bekam. Ich weiß aber noch gut, dass wir immer noch keine großen Eier hatten. Weiterer Rat wurde eingeholt. Natürlich, ein Ganser musste her. Auch er wurde für Friederike angeschafft.

Die gesamte Idylle des Wiesengartens hinter dem Bauernhaus war dahin. Keine meiner Freundinnen wagte sich mehr in den Hof, denn der Ganser kam sofort angezischt mit lang gestrecktem Hals und machte Miene, jeden zu beißen, der in seine Nähe kam. Hinter ihm watschelte mit lautem Geschnatter Friederike mit Gespielin. Letztere begann wirklich irgendwann, Eier zu legen. Aber auch eine Eier legende Gans konnte Tante Hedwig über die sich verweigernde Friederike nicht hinwegtrösten.

Und so kam es, wie es kommen musste. Ein neues Weihnachten nahte, und Tante Hedwig dachte über einen Gänsebraten nach. Bei meinem üblichen Rennen durchs Haus – Gehen in normalem Tempo klappte nicht, wie bei allen Kindern – kam ich durch die Küche und blieb wie vom Donner gerührt stehen, um dann gleich wieder weiterzurennen: Da hatte doch wirklich Tante Hedwig weinend neben dem Küchenherd gesessen, in einer Hand hielt sie eine Gans, mit der anderen Hand rupfte sie deren Federn. Es war nicht zu fassen. Tante Hedwig weinte nie, sie war meistens fröhlich, und Tiere zu schlachten gehörte doch zum Leben auf dem Bauernhof. Auch wenn ich selbst mich nie ans Schlachten gewöhnen konnte und deswegen auch kein Fleisch aß. Aber damit war ich alleine in der Familie, für alle anderen war Fleisch das Feinste.

Geradezu verwirrt setzte ich mich im Hausflur auf die Stiege und verstand die Welt nicht mehr. Ich habe wohl lange dagesessen, bis meine Mutter vorbeikam und sich über ihr zerknirschtes Kind wunderte. Bange erzählte ich von meiner Beobachtung und erfuhr, dass die Gans, die in der Küche von Tante Hedwig gerupft wurde, keine andere war als die Friedensreiche. Da sie in all den Monaten nicht ein Ei gelegt hatte, war Tante Hedwig die Geduld ausgegangen. Aber als sie, wie auch immer, in Friederike hineinschaute, musste sie feststellen, dass Friederike in Kürze Eier gelegt hätte. Das war natürlich sehr schlimm.

Als Friederike auf der weihnachtlichen Festtafel braun gebraten angerichtet war, zeigte Tante Hedwig keine Spur mehr von Trauer. Mit großem Appetit aß sie von der Weihnachtsgans.

Und ich, ich verstand die Großen mal wieder nicht.

WARTEN AUF OMA

Christine Pilot

Ich weiß noch, wie ich mit meiner Mutter auf dem Bahnsteig stand. Es war kurz vor Weihnachten 1958, und wie zu jedem Fest sollte meine Oma aus Leipzig kommen, zu uns, ihrer Familie in Westberlin.

Ich konnte ihre Ankunft kaum erwarten. Meine Oma aus Leipzig! Die mit mir Verstecken spielte, Bilderbücher ansah, Schattenspiele machte und – die so wundervoll Märchen erzählen konnte: Sie ließ den Wolf mit tiefer, die Geißlein mit hoher Stimme sprechen, ließ Gretel ängstlich, Rumpelstilzchen siegessicher klingen ... Wenn meine Oma mir ein Märchen erzählte, war ich wie in einer anderen Welt.

Ungeduldig hüpfte ich an der Hand meiner Mutter, sehnsüchtig auf die nächste S-Bahn wartend. Wir standen auf einem Bahnsteig des Bahnhofs Zoo, wo wir jedes Mal meine Oma empfingen. Sie fuhr immer mit dem D-Zug bis Berlin-Ostbahnhof und stieg dort in die S-Bahn um.

Jedes Mal war meine Mutter erleichtert, wenn sie *ihre* Mutter umarmen konnte. Das hatte einen ganz bestimmten Grund: Meine Oma ließ es sich nämlich nicht nehmen, auch unerlaubte Güter in den Westen zu bringen. Erst das letzte Mal hatte sie einen goldumrandeten, mit rosa Rosen bemalten Teller vorsichtig aus ihrem Nachthemd gewickelt. «Das sollst du doch nicht!», hatte meine Mutter ausgerufen. «Wenn sie dich nun erwischen! Ist es das wert?»

«Erwischen?», hatte ich erstaunt gefragt. Und meine Mutter hatte erklärt, dass die Oma solche Sachen nicht mitbringen dürfe, das erlaubten die Grenzpolizisten nicht. «Was würden die mit Oma denn machen?» – «Die würden ihr die Sachen wegnehmen und Oma vielleicht gar ins Gefängnis ...»

«Denke nicht so was, meine Gute», hatte meine Oma unterbrochen und gefragt, was sie eigentlich Unrechtes tue: Stammten die Sachen, die sie mitbrachte, nicht aus dem alten Haushalt meiner Eltern? Hatten sie durch ihre Flucht nicht schon genug verloren? Zu mir gewandt aber hatte sie gesagt: «Die erwischen deine Oma schon nicht», und auf ihre Reisetasche gewiesen, die *viel* zu klein sei, als dass man darin mehr als Übernachtungszeug vermuten könne.

Ja, meine Oma hatte mich völlig beruhigt. Und so sah ich an jenem Dezembertag ohne jede Sorge der S-Bahn entgegen, mit der meine Oma mitkommen sollte. Die Türen gingen auf, der Bahnsteig füllte sich ... Aber: Meine Oma war nirgends zu sehen!

«Vielleicht hat sie einfach diese S-Bahn verpasst», sagte meine Mutter zu mir, doch ich spürte, wie sie meine Hand jetzt fester hielt.

Bald fuhr die nächste S-Bahn ein, bereits mit weniger Passagieren. Wieder kam meine Oma nicht mit!

«Wo ist Oma?», fragte ich ängstlich, doch meine Mutter wandte sich schon einigen Fahrgästen zu: «Sind Sie mit dem Zug aus Leipzig gekommen? Ist der Zug pünktlich eingetroffen?» Ja, beides konnten die Leute bestätigen, mehr aber wussten sie nicht zu sagen.

Auch die paar Passagiere der nächsten S-Bahn, die noch von dem Zug aus Leipzig kamen, konnten uns nicht weiterhelfen. Dass Reisende den Zug hatten verlassen müssen, jaja, das komme eben immer mal vor, aber ob meine Oma darunter gewesen sei ...

Unsere Hände waren trotz der Kälte ganz feucht geworden; voller Unruhe gingen wir auf und ab. «Wo ist Oma?», rief ich, inzwischen weinend, während sich meine Mutter verzweifelt nach Hilfe umsah ...

Ja, wo war meine Oma? Und was war geschehen? Ach, es sollte noch Stunden dauern, bis wir die folgende Geschichte hörten:

Begonnen hatte alles mit einem Puppenbett, das meine Oma hatte erstehen können: ganz überraschend und unter der Hand. Das *musste* sie einfach ihrem Enkelkind bringen! Natürlich brauchte sie dafür eine viel größere Tasche, denn wie sonst sollte sie das Bett nach Berlin transportieren? Und als dann das Bett in der Tasche stand, so tief unten und mit so weichen Kissen, da kam ihr auf einmal diese Idee: Sollte sie nicht endlich die große Meißener Vase ...?

Gedacht, getan. Zwei Tischdecken darauf und erst *darüber* ihre Übernachtungssachen. Und da ein paar Kuhlen sie regelrecht lockten, griff sie auch noch nach zwei Sammeltassen, wickelte diese in Unterwäsche, stopfte sie in die Vertiefungen und bedeckte alles mit ihrer Strickjacke. Dann saß meine Oma im Zug Leipzig–Berlin. Immer wieder blickte sie zu der großen Tasche hinauf, die ein Mitreisender auf die gegenüberliegende Gepäckablage gestemmt hatte: O ja, es war eine kostbare Fracht, aber eine gefährliche auch, denn allein die Meißener Vase ...

Doch meine Oma nahm sich zusammen. «Ich tue nichts Unrechtes», sprach sie sich vor. «Es wird schon gut gehen.» Schließlich war es Zeit für die Ausweiskontrolle. Der Uniformierte ließ seinen Blick auch über die Gepäckstücke der Reisenden wandern: «Wem gehört die große Tasche?» «Mir», antwortete meine Oma und hörte erstaunt, wie besorgt so ein kleines Wort klingen konnte. «Was haben Sie da drin?» – «Nu», machte sie so gelassen wie möglich, «was man so braucht für ’n paar Tage über Weihnachten.» «Ach! Dafür brauchen Sie so eine große Tasche? Kommen Sie mal mit raus.»

Und dann stand meine Oma auf dem Bahnsteig. Ihr Zug fuhr weiter, und sie sah hinterher. O Gott, dachte sie, war es jetzt doch so weit? Hatte ihre Tochter es nicht immer gesagt?

Da hörte sie Schritte. Ein anderer Uniformierter, groß und beleibt, blieb vor ihr stehen: «Dann machn Se Ihre Dasche ma off.» Meine Oma stutzte: Etwas Weiches lag in dieser Stimme, ganz unabhängig von dem sächsischen Dialekt. Zitterig zog sie den Reißverschluss auf, sah obenauf ihre Strickjacke liegen. «Nu packn Se ma aus!», hörte sie ihn sagen.

Was sollte sie herausholen? Nur ihre Jacke? Dann sah er die verdächtig gewölbte Wäsche! Nein, sie griff *tiefer* unter die Jacke, versuchte die zwei Tassen mit herauszuheben ...

Da rutschte die eine aus dem weichen Stoff und zersprang in drei Scherben auf den Steinen des Bahnsteigs.

«Ach, um Gottes willen!», rief meine Oma aus und

spürte, wie ihr die Tränen in die Augen schossen. Doch fast gleichzeitig war es ihr, als habe sie ein leises «Ach, du liebe Zeit» gehört. Ach, du liebe Zeit? Stand hier etwa eine mitfühlende Seele? Ja, musste sie diese Chance nicht nutzen? Sie hatte doch dieses kleine Talent!

«Die schöne Tasse!», jammerte sie los, «das war doch ’s Geschenk für meine Tochter, mit meiner kleinen Rente, wissen Sie, da kann ich ihr doch kaum was kaufen, drum wollte ich ihr ’ne Tasse von meinen schenken. Was soll ich denn nun machen, ach, die schöne Tasse …» Und sie ließ ihre Tränen nur so fließen.

«Nu beruhschn Se sich doch, gute Frau», beschwichtigte der Mann. «So ’ne Dasse, die kamma doch wieder kiddn. Da märgd mo hinderhär gor nischt mähr.»

«Glauben Sie wirklich?», fragte meine Oma und sah ihn betont hoffnungsvoll an.

«Nu freilisch», antwortete der und wandte sich ab, sagte nur noch, sie solle vorsichtig alles schön wieder einpacken …

Meine Mutter und ich waren irgendwann nach Hause gefahren. Ich saß zusammengekauert auf der Couch, meine Mutter telefonierte mit meinem Vater.

Da klingelte es. «Warte kurz», flüsterte meine Mutter in den Hörer und hastete hinter mir her zur Tür.

Im Treppenhaus waren langsame Schritte zu hören, Schritte wie von jemandem, der schon alt ist oder der schwer zu tragen hat.

Es war jemand, der alt war und der auch noch schwer trug: Mit einer riesigen Reisetasche in der Hand kam meine Oma die Treppe hoch.

Heiligabend stand das Puppenbett unter dem Christbaum. Ich legte abwechselnd alle meine Puppen hinein. «Das Bettchen ist mein *schönstes* Weihnachtsgeschenk!», rief ich meiner Oma zu, die mit meinen Eltern auf der Eckcouch saß.

«Ja», sagte meine Mutter und griff nach der Hand meiner Oma. «Dass unsere Kleine mit dem Bettchen spielen kann, *das* ist wirklich das schönste Weihnachtsgeschenk.»

DER WEIHNACHTSBAUM

Erika Dosdall

Es muss ein paar Jahre nach Ende des Zweiten Weltkriegs gewesen sein. Weihnachten 1949. Ich war etwa zwölf Jahre alt und lebte mit meinen Eltern, meinem älteren Bruder Gerhard und meiner jüngeren Schwester Ingrid in einem kleinen Ort an der Weser. Der Krieg hatte unserer Familie nicht viel gelassen. Wir waren aus Schlesien vertrieben worden und hatten nach langen Irrfahrten endlich eine Bleibe gefunden. Eine vierköpfige Familie hatte uns ein mittelgroßes Zimmer in ihrer Wohnung überlassen.

Nachdem mein Papa im vorangegangenen Sommer aus der russischen Kriegsgefangenschaft zu uns nach Hause zurückgekehrt war, waren wir wieder alle zusammen. Unser erstes gemeinsames Weihnachtsfest seit Jahren! Meine Aufregung in den Wochen vor dem Fest konnte ich kaum verbergen.

Mein Vater versuchte mich zu bremsen: «Erika, du weißt doch, dass wir uns nicht viel leisten können. Nicht einmal einen Weihnachtsbaum!»

Was hatte Papa da gesagt? Enttäuscht wandte ich mich ab. Weihnachten ohne Baum war doch kein richtiges Weihnachten! Ich vergoss viele Tränen in den Tagen vor dem Fest. Selbst Gerhard, der doch immer die passenden Worte für seine kleine Schwester hatte, konnte mich nicht trösten.

Der Heilige Abend war gekommen. Traurig schaute ich aus dem Fenster unseres Zimmers auf die tief verschneite Dorfstraße. Der Schnee fiel in dicken Flocken vom dunklen Himmel. Gegenüber leuchtete es hell aus einem Wohnhaus. Ich erkannte die Silhouette eines Weihnachtsbaums, dessen Kerzen soeben von einer Nachbarin angezündet wurden.

Meine Tränen begannen erneut zu fließen – da bog mit einem Mal ein Lastwagen um die Ecke. Auf der schneeglatten Straße kam der Fahrer ins Schleudern, schaffte es jedoch im letzten Moment, nicht auszubrechen, und setzte seine Fahrt fort.

Doch was war das? Von der Ladefläche hatte sich etwas gelöst und war auf die Straße gefallen, mitten vor unser Haus. Ich glaubte, meinen Augen nicht zu trauen. Dort lag ein fast zwei Meter großer Weihnachtsbaum!

Geschwind wie ein Blitz sprang ich von meinem Platz hoch und rief nach meinem Vater: «Papa, Papa, da liegt ein Weihnachtsbaum vor unserer Tür!» Gemeinsam mit meinen Eltern und meinen Geschwistern traten wir vor die Haustür und sahen den Baum in all seiner Pracht vor uns liegen.

«Fasst alle mit an, wir bringen den Baum nach oben!»

In diesem Moment wusste ich nicht, ob meine Hände vor Freude und Aufregung oder wegen der eisigen Kälte zitterten.

Gemeinsam trugen wir den Baum in unser Zimmer und stellten ihn in der Mitte des Raumes auf.

«Womit sollen wir den Baum denn schmücken?», meinte Mutti zu uns. «Wir haben doch nichts, das wir an die Zweige hängen könnten!»

Da hatte unsere Mutter nicht mit dem Erfindungsreichtum ihrer Kinder gerechnet. Gerhard, Ingrid und ich hatten nicht umsonst in den letzten Monaten Stanniolpapier von leeren Zigarettenschachteln gesammelt. In Windeseile gelang es uns, ein paar Dutzend Schleifen zu basteln, die wir an den Zweigspitzen befestigten. Währenddessen hatte meine Mutter unsere Wohnungsinhaberin aufgesucht und gefragt, ob sie uns mit ein paar kleinen Kerzen aushelfen könnte. Sie würde diese selbstverständlich bezahlen, wenn die Zeiten besser werden. Mit einem «Fröhliche Weihnachten, die sind ein Geschenk von uns!» und einem Lächeln auf den Lippen überreichte sie Mutti die Kerzen.

Eine halbe Stunde später standen wir alle vor unserem geschmückten Baum und sangen von der «Stillen Nacht», die noch lange andauern sollte.

Auch nach über sechzig Jahren habe ich dieses ganz besondere Weihnachtsfest nicht vergessen und denke immer wieder mit Freude daran zurück.

WEIHNACHTEN 1944 IM CAMP VUGHT

Josef Lambertz

Im Zweiten Weltkrieg wohnten wir im Selfkant, dem westlichsten Zipfel Deutschlands, etwa dreißig Kilometer von Aachen entfernt. Das Weihnachtsfest 1944 habe ich jedoch als Neunjähriger mit meiner Mutter im Camp Vught verbracht, einem früheren Konzentrationslager, das die Nazis Ende 1942 in den Niederlanden unweit von 's-Hertogenbosch errichtet hatten. Wie kommen deutsche Zivilisten in ein solches Lager?

Am 6. Juni 1944 begann die Invasion der Alliierten mit der Landung in der Normandie. Die Befreiung Frankreichs, Belgiens und des südlichen Teils der Niederlande von den deutschen Besatzern ging zunächst sehr zügig voran; am 25. August fiel Paris, eine Woche später Brüssel. Mitte September erreichten die Truppen nach dem Überschreiten der Maas die deutsch-niederländische Grenze, wenige Kilometer von unserem Wohnort entfernt. Hals über Kopf wurde die Bevölkerung an scheinbar sichere Orte im Innern Deutschlands evakuiert. Doch viele Dorfbewohner drückten sich vor den Räumungsbefehlen, sie wollten Haus, Hof und Vieh nicht verlassen.

Wenig später war der Selfkant von alliierten Truppen besetzt. Doch dann stockte der Vormarsch, die Schlacht um das Rheinland hatte begonnen, auf dem Boden und in der Luft. Mitte November beschlossen die britischen Kommandeure, den Selfkant vollständig zu räumen. Und so fuhren bald in mehreren Etappen Lkw-Kolonnen, jeder mit 25 Frauen, Kindern und alten Männern beladen, über die Grenze nach Holland hinein. Ziel war jenes Camp Vught, das erst vor wenigen Wochen, am 27. Oktober 1944, von den Alliierten befreit worden war. Keiner von uns kannte Vught, und niemand wusste etwas über den bisherigen Zweck des Lagers. Erst nach und nach erfuhren wir Näheres, und manches wurde erst nach dem Kriege bekannt. Vught war vor allem Durchgangslager für niederländische Juden vor dem Transport in die Vernichtungslager. Man nimmt an, dass etwa 31 000 Menschen für kurze oder längere Zeit hier inhaftiert waren. Obwohl es sich «nur» um ein Durchgangslager handelte, sind hier schreckliche Dinge passiert. Allein in den Monaten Juli bis September 1944 sind in Vught zwischen 300 und 450 niederländische Widerstandskämpfer erschossen worden. Am Galgen, den wir noch gesehen haben, wurden an einem Tag zweiundzwanzig belgische Partisanen erhängt. Zwischen zwanzig und vierzig Häftlinge sind täglich an Seuchen und dergleichen gestorben. Die Leichen wurden erst in Kalklöchern verscharrt, bis dann Ende 1943 das Krematorium fertig war.

Als wir in der zweiten Novemberhälfte nach Vught kamen, waren fast alle Spuren des grausigen Geschehens beseitigt. Nur die zahlreichen Abschiedsbriefe, die man in die Spinde gekritzelt hatte, und eine Reihe großer roter Flecken in den Strohsäcken der zweigeschossigen Eisenbetten ließen ahnen, welche Tragödien sich hier abgespielt hatten. Ende November lebten an die 5000 Deutsche im Camp Vught, das nach wie vor von einem hohen doppelten Stacheldrahtzaun und besetzten Wachttürmen umgeben war. In einem hermetisch abgetrennten Teil des Lagers saßen Niederländer, die mit der deutschen Besatzung sympathisiert hatten, sogenannte Kollaborateure. Unsere Lebensverhältnisse waren schlecht. Die Verpflegung reichte kaum zum Überleben. Hunger war unser ständiger Begleiter. Es gab kein Brot, sondern nur Suppe aus getrocknetem Gemüse, Futterrüben und Kartoffeln. Das Frühstück bestand aus Keksen, die aus erbeuteten Wehrmachtsbeständen stammten. Das Zusammenleben auf engstem Raum, 400 Personen in einer Baracke, mangelnde Hygiene und teils primitivste sanitäre Verhältnisse führten zu zahlreichen Erkrankungen. Die Sterblichkeitsrate, vor allem bei Kindern, war hoch. Täglich gab es Beerdigungen.

Auf Sauberkeit in den Baracken und Hygiene wurde großer Wert gelegt. Mehrmals wöchentlich fanden regelmäßig oder unverhofft Appelle statt, bei denen nicht nur der Zustand in den Baracken inspiziert wurde, stichprobenweise mussten sogar Schuhe und Strümpfe ausgezogen werden, um die Sauberkeit der Füße zu kontrollieren. Wir wurden jede Woche entlaust. Solche Maßnahmen wurden von vielen als Schikanen angesehen, sie waren aber notwendig, um noch mehr Krankheiten zu vermeiden. Die Behandlung war insgesamt streng, aber korrekt.

Das Schlimmste war der Hunger. Aber Not macht erfinderisch. Und so gab es manche Versuche, den dürftigen und eintönigen Speisezettel zu verbessern. Kartoffelschalen wurden aus den Abfallkübeln der Lagerküche herausgesucht und gekocht. Ein bisschen Kartoffel war immer noch dran. Apropos Kartoffeln. Mehrmals wöchentlich zogen nachts Grüppchen von älteren Kindern und Jugendlichen auf «Kartoffelklau». Irgendwie hatten sie einen Zugang zum Küchenbereich ausgekundschaftet, Einzelheiten haben wir nie erfahren. Die jungen Leute verteilten sich anschließend auf die Baracken, huschten mit einer Kerze an den endlos langen Reihen der Eisenbetten vorbei und boten flüsternd ein paar Kartoffeln zum Tausch gegen Kekse an, die wir uns von den Tagesrationen gespart hatten, um mal etwas anderes essen zu können.

So war es auch in der Nacht vom 23. zum 24. Dezember, in der Nacht vor dem Heiligen Abend also. Als ich morgens wach wurde, berichtete meine Mutter mir freudig, sie habe drei Kartoffeln gegen Kekse getauscht. Wenig später standen auf dem gemauerten Ofen in einem kleinen Topf die Kartoffeln zum Kochen. Doch dann passiertes es: Unerwartet zog eine Gruppe von niederländischen Offizieren durch die Baracken, auch zu uns. Urplötzlich standen sie im Tagesraum. Und einer von ihnen hatte sofort den dampfenden Kessel auf dem Ofen entdeckt. «Wem gehören die Kartoffeln?», fragte der leitende Offizier. Als meine Mutter sich nicht meldete, hieß es, wenn sich derjenige nicht innerhalb einer halben Stunde auf der Kommandantur meldet, erhält die ganze Baracke kein Mittagessen. Sprach, konfiszierte den Topf mit den drei Kartoffeln und verschwand mit seinen Begleitern. Man kann sich vorstellen, was meine Mutter sich anschließend von den übrigen Barackeninsassen anhören musste. Und so blieb ihr nichts anderes übrig, als sich mit klopfendem Herzen auf den Weg zu den Büros zu machen und sich dort als Besitzerin der Kartoffeln zu bekennen. Es begann ein längeres Verhör. Dass sie die Kartoffeln nicht selbst gestohlen hatte, glaubte man ihr wohl. Aber die Militärs hätten gerne eine Beschreibung des «Kartoffellieferanten» bekommen, mussten aber schließlich einsehen, dass man beim Licht einer einzelnen Kerze so gut wie nichts sehen und schon gar niemand erkennen oder beschreiben kann. Aber frei ließ man meine Mutter nicht, sie kam in eine vergitterte Zelle, während ich auf ihre Rückkehr wartete. Fairerweise muss aber gesagt werden, dass meine Mutter in der Zelle besseres Essen bekam, als wir es gewohnt waren.

Lag es nun am Heiligen Abend? Nachmittags jedenfalls wurde meine Mutter, nachdem man sie erneut streng verwarnt hatte, freigelassen, ohne Kartoffeln natürlich, aber leider auch ohne unseren einzigen Topf. Aber wichtig war wohl nur, sie war wieder frei und wir waren Weihnachten wenigstens zusammen. Weihnachten im Camp Vught, Weihnachten hinter Stacheldraht, das war äußerlich ein Tag wie jeder andere. Nur ein schmuckloses Tännchen in jeder Baracke verwies auf das schönste Fest des Jahres. Eine der Baracken war notdürftig als Lagerkapelle eingerichtet. Unter den Internierten waren dreizehn katholische Geistliche aus den Selfkantdörfern. Bei den zahlreichen Weihnachtsgottesdiensten standen die Menschen bis auf die verschneite Lagerstraße. Und ein improvisierter Lagerchor sorgte für ein wenig weihnachtliche Stimmung. Der Hauptwunsch aller war wohl, möglichst bald wieder nach Hause zu können, aber der sollte erst Ende Mai 1945 in Erfüllung gehen. Wenn ich heute an die schlimmen Kriegs- und Nachkriegsjahre zurückdenke, bleibt das Weihnachtsfest 1944 das bedrückendste meines Lebens. Aber solche Erlebnisse haben uns wohl alle auch geprägt. Einer der Pfarrer aus dem Selfkant, der mit im Camp Vught war, hat in seine Pfarrchronik geschrieben: «Wir sollten uns öfter an die harten Zeiten erinnern, um bescheiden und maßvoll zu bleiben, uns dankbar der wiedergewonnenen Heimat zu erfreuen und in jeder Not auf das Walten Gottes zu vertrauen.»

DAS SCHÖNSTE WEIHNACHTSFEST

Karl-Heinz Bonk

Am Heiligabend wurde bei uns zunächst ein Weihnachtslied gesungen. Meistens blieb es bei nur einem Vers, denn Mutter hatte die Kerzen schon angezündet. Dann las sie die Weihnachtsgeschichte auf Plattdeutsch vor. Doch die Jüngeren der Familie verstanden den Dialekt kaum, und so las sie den Text noch einmal auf Hochdeutsch. Für uns Kinder begann nun der wichtigste Moment der Weihnachtsfeier, die Bescherung. Auch dieses Jahr ging es hoch her. Großvater sah schweigend zu, aber er freute sich über die Wollstrümpfe, die ihm Enkelin Josi gestrickt hatte. Danach faltete er mit großer Sorgfalt das Bild auseinander, das ihm Jan Martin gemalt hatte. Seiner Tochter dankte er für das neue karierte Hemd.

Anschließend begab sich die Familie in die Küche, wo die übliche Weihnachtsspeise wartete: Kartoffelsalat und Würstchen.

Nach dem Essen verschwand Großvater in seinem kleinen Zimmer und schlug die Vorhänge zurück. Die Straßenlaterne vor dem Haus leuchtete in der Schneelandschaft. Der kleine Enkel Jan Martin kam zu ihm.

«Opa, Mama hat gesagt, du bist schon ganz alt. Hast du schon mal den Weihnachtsmann gesehen oder das Christkind?»

Der Großvater griff nach den kleinen Händen.

«Weißt du, der Weihnachtsmann und das Christkind sind stets sanft und still, sodass sie kaum einer sieht.»

Er dachte kurz nach und fuhr dann fort: «Aber das Weihnachtsfest ist immer am schönsten, wenn man ein Herz voller Liebe und Glück hat. Ganz schlicht und ohne das viele bunte Papier. Ich glaube, im Leben eines Menschen gibt es immer nur ein Fest, das man nie mehr vergisst.» Dabei drückte Großvater sanft die Hände des Enkels.

«Und, Opa, hast du schon mal solch ein besonderes Weihnachtsfest erlebt?»

«Ja, mein Junge», räusperte er sich. Man hörte ihn tief atmen. Er ließ sich Zeit.

«Dein Vater hat dir ja sicher schon einmal erzählt, dass es einen ganz bösen Krieg gab. Damals war dein Vater noch ein Kind. Ich aber kam als Soldat nach Russland, weit weg von zu Hause. Damals war es ein bitterkalter Winter. Eines Tages haben uns russische Soldaten gefangen genommen. Wir wurden weit in den Osten nach Sibirien transportiert. Der Winter war schrecklich lang, und es gab kaum etwas zu essen. Man hatte uns in ein Lager gesperrt, eingezäunt mit Stacheldraht. Tagsüber mussten wir im Wald Bäume fällen. Aber eines Tages im Dezember sollte ich auf einem kleinen Bauernhof helfen. Dort lebte eine alte Frau, zu der alle Matka sagten. Und dann war da noch eine jüngere Frau, die eine kleine Tochter hatte. Für die sollte ich Brennholz hacken und die Ställe ausmisten. Immerhin bekam ich dort auch eine heiße Suppe. Abends musste ich wieder ins Lager.

Ja, und dann kam Weihnachten. Es war im Jahr 1946. Es hatte schon etliche Tage geschneit, und es wurde furchtbar eisig. Die Gefangenen konnten nicht mehr in den Wald zur Arbeit. Alle Wege waren verschneit. So saßen wir am Heiligabend in unserer Baracke. Wir hatten keinen Tannenbaum, nicht mal einen kleinen Zweig. An Kerzen war nicht zu denken. Wir froren, hatten Hunger und Heimweh. Einige von uns waren ganz traurig und träumten von zu Hause, von ihren Frauen und Kindern.

Dann auf einmal ging die Tür auf. Ein russischer Soldat schob ein kleines Mädchen zu uns herein. Ich erkannte die Kleine, wenn sie auch dick vermummt war. Es war die Kleine von dem Bauernhof, auf dem ich gearbeitet hatte. Das Mädchen kam auf uns zu. Mir reichte sie eine Kerze und ein Brot. Dann griff sie nach meinem Kopf und gab mir einen Kuss. So schnell, wie sie gekommen war, verschwand sie auch. Die Tür wurde wieder verschlossen. Wir hörten nur ein Pferdeschnauben draußen.

Wir haben das Brot mit allen Kameraden geteilt. Die kleine Kerze stellten wir in die Mitte der Baracke. Nun stimmte einer ein schönes Weihnachtslied an, und alle sangen mit. Das war mein schönstes Weihnachtsfest.

Später habe ich erfahren, dass die Russen ihr Fest erst im Januar feiern. Das war also ein ganz besonderes Geschenk der einfachen Familie dort in Sibirien an mich.»

Nun war Großvater still geworden und auch ein wenig traurig. Er schaute wieder nach draußen auf die Straße.

«Und wann bist du wieder hierher zurückgekommen?», fragte Jan Martin.

«Erst ganze zwei Jahre später …», sagte der Großvater und schluckte.

«Ach, Opa, jetzt bist du ja wieder hier bei uns!»

SPINNEREI ODER …?

Michael Hahn

Wo es das ganze Jahr über versteckt wurde, habe ich nie herausgefunden, aber es hat mich auch nicht so richtig interessiert. Jedenfalls habe ich mich nie auf die Suche danach gemacht. Hauptsache, es war pünktlich zum ersten Advent wieder da.

Unser Adventshaus.

So wie der Adventskranz mit seinen vier Kerzen gehörte auch dieser Adventskalender, solange ich denken konnte, zu den Adventsabenden in unserer Familie.

Ein großes Haus aus starkem Papier, ringsherum vierundzwanzig verschieden große Fenster. Jedes dieser Fenster hatte zwei Fensterläden, die am jeweiligen Tag geöffnet wurden, und für den Heiligen Abend war ein großes zweiflügeliges grünes Tor angebracht. Im Inneren des Hauses sorgte eine Kerze für die richtige Beleuchtung, und manchmal zeigte sich am Kamin sogar ein leichtes Rauchwölkchen.

An den Adventsabenden versammelte sich die ganze Familie um den großen Tisch in der Küche. Wir Kinder meist auf der Eckbank, die für uns am sichersten war, die Eltern auf den Stühlen, und Oma saß immer im alten Sessel direkt neben dem Herd. Die Kerzen des Adventskranzes brannten, ebenso wie die eine oder andere Kerze mehr, damit der Vater in seinem Textbüchlein die Strophen der Weihnachtslieder lesen konnte. Im Herd knisterte und knackte das Holz. Eine wohlige Wärme erfüllte die Küche und ließ uns die Kälte und Dunkelheit draußen vergessen.

Welche Spannung erfüllte unsere kleinen Herzen, wenn das elektrische Licht gelöscht wurde und der Vater das erste Weihnachtslied anstimmte! Von *Leise rieselt der Schnee* bis zu *O Tannenbaum* kannten wir Kinder zumindest die ersten Strophen auswendig und sangen lauthals mit. Mein persönliches Lieblingslied in dieser Zeit war allerdings *Morgen, Kinder, wird's was geben*, denn aus diesem Text ging immer hervor, wie viele Nächte bis zur Bescherung ich noch schlafen musste.

Dann wurde ein Fenster im Adventshaus geöffnet. Jeden Tag kam ein anderes der Kinder an die Reihe, und an den Tagen, an denen ich der Glückliche war, war ich ganz schön stolz. Aber nicht Schokolade wie heute üblich erwartete mich, sondern hinter jedem Fenster war mit buntem Papier ein Bild von einem Heiligen oder von einer Szene aus der Adventsgeschichte angebracht, das von der Kerze im Inneren des Hauses beleuchtet wurde. Dann war alles mucksmäuschenstill, und der Vater begann, die Geschichte zu erzählen, die sich um dieses Bild rankte. Es gab kein Fenster, zu dem er nicht eine lange Geschichte zu erzählen wusste. Wir Kinder drängten uns um das Adventshaus, damit jeder das jeweilige Bild genau begutachten konnte. Nur die Oma saß abseits in ihrem Sessel und sah mit glänzenden Augen zu der Gemeinschaft am Küchentisch herüber.

Zum Abschluss eines jeden Abends wurden nochmals Weihnachtslieder gesungen, und danach durften die Kerzen ausgeblasen werden. Um Streit zu vermeiden, war damit jeden Tag ein anderes von uns Kindern an der Reihe.

So verging die Zeit bis Heiligabend schnell. Am Tage duftete es des Öfteren köstlich nach Weihnachtsplätzchen, doch diese wurden dann für uns Kinder unerreichbar in einer Kiste versteckt, meist auf dem Schlafzimmerschrank.

An Heiligabend war das Wohnzimmer verschlossen.

Wir hielten uns den ganzen Tag in der Küche auf. Ausnahmsweise gab es an diesem Tag fast nie Streit unter uns Kindern. Wir saßen am Küchentisch, malten, bastelten oder spielten und hörten Weihnachtsgeschichten im Radio. Auch die Unterhaltung war meist gedämpft, als hätten wir Angst gehabt, durch zu lautes Reden das Christkind zu verscheuchen.

Am Abend zogen sich alle warm an für den gemeinsamen Kirchgang, der fest zu diesem besonderen Anlass gehörte, und so halte ich es noch heute. Nach dem Gottesdienst wieder zu Hause angekommen, gab es zum Abendessen in jedem Jahr Saitenwürstle und Kartoffelsalat, so sicher wie das Amen in der Kirche.

Danach wurden die Kerzen angezündet und Weihnachtslieder angestimmt. Wir öffneten das letzte Tor unseres Adventshauses, und dann konnte die Bescherung beginnen.

An einen dieser Heiligabende erinnere ich mich heute noch besonders.

In jenem Jahr war ich an der Reihe, einen Flügel des Tores zu öffnen, auf dem die Vierundzwanzig geschrieben stand.

Ich mochte wohl so um die fünf Jahre alt gewesen sein und war den ganzen Tag schon mehr als aufgeregt gewesen. Ich sehnte den Abend förmlich herbei, damit sich die Türe zu unserem Wohnzimmer endlich öffnen möge und wir sehen konnten, was uns das Christkind in diesem Jahr gebracht hatte.

Endlich war es so weit. Für mich war das etwas ganz Besonderes. Bevor ich meine Hand nach dem Türchen ausstreckte, schaute ich nochmals in die Runde. Alle Blicke waren erwartungsvoll auf mich gerichtet.

Als ich dann allerdings meine Oma so abseits von uns allen in ihrem Sessel sitzen sah, überkam mich ein Gefühl, das ich nicht erklären konnte. Hier war ich und fühlte mich überaus glücklich – und dort saß meine Oma abseits von uns allen in ihrem Sessel neben dem Herd. Auf einmal hatte ich den Eindruck, dass sie sehr einsam war.

Plötzlich wollte ich das Türchen nicht mehr öffnen. Wie konnte ich mich so gut fühlen, wenn dort ein Mensch meiner Nähe bedurfte? Ich ging hinüber zu meiner Oma und nahm sie ganz fest in meine kleinen Arme. Auch sie drückte mich voller Freude an sich, so als hätte sie darauf gewartet, ein Zeichen der Liebe zu erhalten.

Die anderen forderten mich auf, doch endlich das Türchen zu öffnen, hinter dem Maria, Josef und das Kind in der Krippe verborgen waren. Aber um nichts in der Welt hätte ich in diesem Moment meine Oma loslassen können. Schließlich durfte eines meiner Geschwister die Flügel des kleinen Tores öffnen.

Ich kann heute nicht mehr sagen, ob mich jemand nach dem Grund meines Verhaltens gefragt hatte, aber ich bezweifle, dass mir in diesem Augenblick eine Erklärung möglich gewesen wäre. Einige meiner Geschwister hielten es sicherlich für Spinnerei. Heute halte ich es für das, was den Sinn von Weihnachten ausmacht: Liebe.

KINDERGARTENKINDER ERZÄHLEN DIE WEIHNACHTSGESCHICHTE

Markuskindergarten 1984

Gabriele Steinmann

1984, wir Eltern waren in der Vorweihnachtszeit zu einer Adventsfeier in den Kindergarten unserer Tochter eingeladen. Was die Kinder vorbereitet hatten, sollte ein großes Geheimnis bleiben. Aber unsere Tochter verplapperte sich ein wenig, und so kam ich mit einem Kassettenrekorder zur Weihnachtsfeier. Die Aufnahme habe ich dann abgetippt, und diese Weihnachtsgeschichte wird bei uns jedes Jahr vorgelesen:

Da war der Kaiser Augustus, der wollte wissen, wie viele Leute in seinem Land wohnen. Er hat gesagt: «Geht alle dorthin, wo ihr geboren seid! Da sitzt ein Mann und schreibt auf, wie ihr heißt, und schickt dann die ganzen Zettel zum Kaiser Augustus.»

Maria und Josef sind nach Bethlehem gelaufen, durch den Wald, es war schon ganz dunkel, und sie sind über Äste gestolpert und hingefallen. Die Maria hat ein Baby im Bauch gehabt und hat immer geweint, weil sie nicht mehr laufen kann.

Dann sind sie endlich in Bethlehem angekommen. Aber die Leute haben gesagt: «Wir haben keinen Platz für euch!»

Und einer hat nur seine Hand rausgestreckt und hat dem Josef eine hingeboxt, das war ganz schön gemein von dem, weil Josef sich gar nicht so schnell wehren kann. Die Maria hat auch sehr geweint.

Einer hat gesagt: «Du kannst mit deiner Maria in den Stall gehen, da ist es warm, und ein Ochs und der Esel sind auch schon da.»

Dann hat Maria ihr Kind gekriegt.

Die Hirten sind von dem Geschrei der Engel aufgewacht und haben einen wahnsinnigen Schrecken gekriegt. Aber der Engel hat gesagt: «Ich hab's in echt nicht gewollt, dass ihr einen Schrecken kriegt!»

Da hat der Hirte gesagt: «Macht doch nix!»

«Maria hat ein Kind, ihr sollt's mal anschauen», hat der Engel gesagt.

Dann sind sie zum Stall hingegangen und haben an die Tür geklopft. Der Josef hat gesagt: «Herein, wenn's kein Wolf ist!» Die Maria hat geschrien: «Macht doch die Tür nicht so weit auf, zum Donnerwetter, weil's doch zu dem Baby zieht!»

Dann haben sie das Baby angeschaut, und es hat auch ein bisschen gelacht. Decken haben sie noch mitgebracht und ein Schaffell zum Drauflegen und ein bisschen Milch fürs Baby, wenn's schreit.

Dann sind noch drei Könige gekommen, die haben ganz anders ausgesehen, manchmal auch schwarz. Der Herodes hat ihnen aber nicht gesagt, wo das Jesuskind ist, der hat's nämlich nicht gewusst, weil er ein bisschen dumm war.

Aber die Könige haben's doch gefunden, weil's der

Stern ihnen gezeigt hat. Das war nämlich ein ganz heller Stern, viel heller als alle anderen. Dann haben sie ihm viel Gold geschenkt, und einer hat so ’n bisschen Rauch, so ein Weihrauch, in einer Schachtel gehabt.

Die Könige haben gesagt: «Jetzt müssen wir in unser Land gehen», und der Josef hat gesagt: «Ja, wir gehen auch gleich.»

WEIHNACHTLICHER GRENZVERKEHR

Christa Gruhn

Im Dezember 1945 lag Europa nach dem verheerenden Zweiten Weltkrieg in Schutt und Asche. Nur zwei Länder rettete ihre Neutralität vor dieser Vernichtung: Schweden und ganz besonders die Schweiz, die sechs Jahre lang aufgrund ihrer zentralen Lage in Europa die Verletzung ihrer Grenzen durch die deutsche Wehrmacht fürchten musste. Das Ende des Krieges ließ auch sie merklich aufatmen. Dennoch waren die Schweizer nicht blind vor dem Elend ihres am Boden liegenden deutschen Nachbarn.

Wenige Tage vor dem Weihnachtsfest des Jahres 1945 ereignete sich folgende kleine, wahre Geschichte in Zürich.

Maria hatte ihre Kinder für die Schule verabschiedet, als sie noch einmal an den Frühstückstisch zurückkehrte, an dem ihr Mann Alois saß. Auch er wollte sich nun auf den Weg ins Büro begeben, aber sie bat ihn, noch einen Moment zu bleiben.

«Mir geht seit einigen Tagen ein Gedanke durch den Kopf, den ich endlich mit dir besprechen muss. Weihnachten steht vor der Tür! Wie du weißt, hat unser Pfarrer letzten Sonntag dazu aufgerufen, für die deutschen Kinder zu spenden. Schulspeisungen sollen zum Beispiel damit finanziert werden. Ich finde, das ist eine gute Idee, denn immer leiden die unschuldigen Kinder an den Auswirkungen eines Krieges.»

«Ja, ich habe das doch auch mitbekommen und bereits eine angemessene Summe überwiesen. Ist das alles, was du mir sagen wolltest?»

«Nein, natürlich nicht! Ich denke darüber nach, wie wir gerade jetzt vor Weihnachten den Menschen direkter helfen können. Du hast doch in Lindau Verwandte? Onkel Fritz und Tante Liese, die Schwester deines Vaters. Wir haben so lange nichts mehr von ihnen gehört.»

Alois sah seine Frau nachdenklich an, nahm noch einen Schluck aus seiner Kaffeetasse und erinnerte sich. «Weißt du noch, wie vergnügt sie auf unserer Hochzeit tanzten? Ich habe das Gefühl, als wäre das eine Ewigkeit her, dabei war es erst im Frühjahr 1937, das sind nur gute acht Jahre. Sie werden doch wohl noch am Leben sein? Du kannst ihnen ja ein Paket schicken, so eine Art Carepaket, wie die Amerikaner es nennen. Die dürfen jetzt nach Deutschland geschickt werden, stand erst neulich in der Zeitung.»

«Richtig, aber die Carepakete aus Amerika werden von den Alliierten direkt an die Bevölkerung verteilt und nicht mit der Post verschickt. Immer wieder wird berichtet, dass viele Pakete auf dem Postweg verschwinden.»

«Und was schlägst du vor, Maria?» Alois kannte seine Frau nur zu gut und ahnte, was auf ihn zukam.

«Der kürzeste Weg ist immer der schnellste und in diesem Fall der sicherste. Du fährst einfach nach Lindau und schaust nach, wie es ihnen geht. Die Zugverbindungen gehen jetzt wieder regulär. Ich frage im Freundeskreis nach ein paar warmen, gebrauchten Kleidungsstücken und tue noch eigene dazu. Dann bekommst du an der Grenze keine Schwierigkeiten. Man weiß ja nicht, wie die deutschen Zollbeamten reagieren.»

Drei Tage vor Heiligabend stand ein mittelgroßer Koffer im Flur.

Alois hob ihn an und stöhnte: «Verdammt, ist der schwer, hast du da Steine reingelegt?»

«Nein, nein, die Winterstiefel machen den Koffer so schwer. Außerdem dachte ich mir, lieber zu viel als zu wenig. Was Onkel und Tante nicht brauchen, können sie ja eintauschen. Tauschhandel ist jetzt gang und gäbe in Deutschland.» Marias Stimme zitterte etwas, aber Alois achtete nicht darauf.

Maria begleitete ihren Mann mit der Tram zum Bahnhof. Sie wollte ihm so lange wie möglich nahe sein, um ihn mental zu unterstützen.

Viele Reisende nach Deutschland gab es nicht. Alois legte den Koffer auf einen Sitzplatz und schob die Reisetasche ins Gepäcknetz. Maria stand vor dem Abteilfenster und hielt die Hand ihres Mannes fest in ihren Händen. «In drei Stunden bist du schon in Lindau. Es wird alles gut gehen. Grüß Onkel und Tante von mir.»

Dann setzte sich der Zug langsam in Bewegung und rollte rückwärts aus dem Zürcher Hauptbahnhof.

Je näher der Zug der deutschen Grenze kam, desto mehr ließ Alois' Gelassenheit nach, und er fühlte sich mehr und mehr unbehaglich. War das wirklich eine gute Idee von Maria so kurz vor Weihnachten? Würden sich Tante und Onkel über sein plötzliches Erscheinen auch freuen? Waren sie überhaupt noch am Leben?

Kurz vor der deutschen Grenze gingen zwei Schweizer Zollbeamte durch den Zug, die sich aber nur wenig für die Reisenden interessierten und vor der deutschen Grenze den Zug verließen. Nun stieg Alois' Nervosität, als der Zug auf der deutschen Seite hielt und der deutsche Zoll begann, die Reisenden zu kontrollieren.

Ein Zollbeamter öffnete die Tür zu Alois' Abteil. «Ihren Ausweis, bitte.»

Alois reichte ihm das gewünschte Dokument, und der Beamte öffnete die erste Seite. Er schaute auf das Foto, dann auf Alois und blätterte ein, zwei Seiten weiter. Dann klappte er den Ausweis zu, behielt ihn aber in der Hand.

«Ist das Ihr Gepäck?», fragte er und zeigte auf den Koffer und die Reisetasche, denn Alois war allein im Abteil geblieben.

«Ja», antwortete Alois mit ruhiger Stimme, denn er hatte schließlich nichts zu verbergen.

«Bitte öffnen Sie die Reisetasche.» Der Zollbeamte warf einen kurzen Blick hinein. «Danke. Und was führen Sie in dem Koffer mit?»

«Meine Frau hat ihn für meine Verwandten gepackt. Ich glaube, gebrauchte Kleidungsstücke und gebrauchte Schuhe.»

«Bitte öffnen Sie den Koffer.»

Alois beugte sich über das Gepäckstück, schob die beiden Schnallen zur Seite und öffnete den Deckel. Als er den Inhalt sah, erstarrte er und konnte einen langen Moment seine Augen von dem Anblick nicht lösen: Rauchwürste, Käse, Kaffee, Zucker, Rosinen, Schokolade und dergleichen mehr.

Alois rang um Worte: «Meine Frau ... ich weiß nicht ...

hatte keine Ahnung …» Er hielt den Kofferdeckel in der Hand und versuchte zu begreifen, was ihm soeben widerfahren war. Dann blickte er hoch zu dem ebenfalls überraschten Zollbeamten.

Was konnte er jetzt von diesem Mann erwarten? Waren die Deutschen nicht für ihre drastischen Strafen bekannt? Lebensmittel zu überführen war verboten. Gebrauchte Kleidung war nur in Ordnung, da es sich dabei nicht um Neuware handelte.

Aber der Zollbeamte zog nur seine Augenbrauen leicht hoch, und ein kaum wahrnehmbares Lächeln überzog seinen Mund, als er sagte: «Gehe hin, mein Sohn, dein Glaube hat dir geholfen!»

«Schöne Weihnachten», war alles, was Alois erwidern konnte.

Der Zollbeamte gab ihm seinen Ausweis zurück und verließ das Abteil. Erleichtert und erschöpft ließ sich Alois wieder auf seinen Sitz fallen.

Er erreichte sein Reiseziel Lindau und traf zur allseitigen Freude seine deutschen Verwandten bei guter Gesundheit an.

DER BLITZBEUTEL

Friedrich Peise

Es war an einem Heiligen Abend irgendwann in den Sechzigerjahren. Und es war zu einer Zeit, in der ein kleines Geschenk schon der Inbegriff allen Glückes sein konnte. Geld spielte in unserer Familie nie eine Rolle, denn wie viele andere Familien in ländlichen Gegenden hatten wir nicht viel davon. Unser Vater war Bäcker und darüber hinaus alles, was man sonst so brauchte: Friseur, Gartenarbeiter, Handwerker, Laienprediger und Maler. Mehrmals im Jahr zog er los, um bedürftigen Familien oder Alleinstehenden die Wände in ihren Wohnungen zu streichen. Er hatte Geschick, wenngleich das Ergebnis bei zu billigen Tapeten oft nicht so berauschend war.

Natürlich wurde auch bei uns zu Hause hin und wieder der Pinsel in die Hand genommen. Die stark verwitterten Fenster des Hauses, in dem unsere Familie zur Miete wohnte, wurden gewissermaßen nur noch von der Farbe zusammengehalten, die unser Vater alljährlich im Sommer daraufpinselte – sehr zum Leidwesen unserer Mutter, die diese Fenster kaum noch öffnen konnte, denn sie waren mit dem Rahmen fest verklebt. Wenigstens waren sie so einigermaßen dicht.

Von solch einer Pinselaktion war noch etwas Farbe übrig geblieben, und unser Vater hatte die geniale Idee, die Wohnzimmertür damit zu streichen. So kurz vor Weihnachten gab es immer viel zu tun, und so schob sich der Tag, an dem tatsächlich gemalert wurde, bis zum vierten Adventssamstag hin. Als mein Vater mit dem Streichen fertig war, glänzte die Tür in ihrer neuen Lackfarbe und der Türrahmen gleich mit dazu. Die Lieblingsfarbe unseres Vaters war Beige, vielleicht auch, weil sie besonders preiswert war. Wir bewunderten nun jeden Tag die «neue» Tür.

Der Heilige Abend kam, und nachdem wir den Weihnachtsbaum aufgestellt hatten, sollte es ein Foto der Familie vor dem geschmückten Baum geben. Obwohl unser Vater viele Interessen und Begabungen hatte – die eines Fotografen gehörte nicht dazu. Und so gab es auch keinen gescheiten Fotoapparat. Eine alte, kaum genutzte Agfa-Box, so nannte man diesen Kasten von einer Fotokamera, sollte nun den Augenblick des weihnachtlichen Glücks festhalten. Unser Vater hatte einige sogenannte Blitzbeutel aufgetrieben. Sie sahen in gewisser Weise aus wie die heutigen Teebeutel und hatten am unteren Ende eine Lunte. Diese zündete man an, nachdem der Fotoapparat positioniert, das Licht gelöscht und die Blende der Kamera geöffnet war. Nach ein paar Sekunden dann machte es «Peng!», es wurde kurz sehr hell, und fertig war das Foto. Allerdings nur, wenn nicht irgendjemand das Licht anknipste, bevor die Blende der Kamera geschlossen war.

Nun hatte der Vater die Agfa-Box aufgestellt und die Familie ihren Platz unter dem Weihnachtsbaum eingenommen. Wo aber sollte der Blitzbeutel befestigt werden? Es war bekannt, dass er nicht in der Nähe von brennbaren Gegenständen angebracht werden durfte. So kam unserem Vater eine Idee: «Der Blitzbeutel kommt an den Türrahmen der Wohnzimmertür.»

Er öffnete die Tür weit, damit sie nicht beschädigt werden konnte. Da hing er nun, der Blitzbeutel, circa zehn Zentimeter unterhalb des Rahmens der frisch gestrichenen Tür. Die Lunte war lang genug, sodass es noch genügend Zeit für den Fotografen gab, seinen Platz vor der Kamera einzunehmen. Allerdings war es stockdunkel, denn die Blende der Kamera war ja bereits geöffnet. Alle waren gespannt. Jetzt ging Vater zur Tür, zündete die Lunte an, suchte sich schnell seinen Platz, und dann ... passierte nichts. Die Lunte war ausgegangen.

Mutter rief: «Bleibt alle sitzen! Das Ding kann immer noch jeden Augenblick explodieren!»

Aber es blieb dunkel.

Vater knipste das Licht an, das Foto war verdorben, denn die Blende stand noch immer offen. Wir begannen also von vorne. Aber sparsam, wie unser Vater war, wurde nicht etwa ein neuer Blitzbeutel genommen, nein, der alte sollte es richten.

Vater zündete die Lunte noch einmal an, und die Spannung war auf dem Höhepunkt. Diesmal brannte die Lunte bis zum Ende. Unser Vater hatte wieder nur wenige Sekunden, um mit uns zu posieren, und stürzte auf den Sessel zu. Es machte «Peng!», und ... es hatte funktioniert.

Nun hieß es Ruhe bewahren. Erst die Blende der Kamera schließen. Dann das Licht anschalten und dann ... das pure Entsetzen. Da, wo der Blitzbeutel hing, war alles schwarz. Der Türrahmen hatte seinen Glanz verloren, und was das Schlimmste war: Es gab keine Farbe mehr, um den

Schaden wiedergutzumachen. Sie war beim Streichen bis auf den letzten Tropfen aufgebraucht worden.

Das Bild allerdings gibt es bis heute. Es zeigt die Familie mit einer Mutter, der die Sorge um das Wohl aller ins Gesicht geschrieben steht. Meine Schwester duckt sich, als müsste sie einer Bombe ausweichen. Ich selbst habe die Augen geschlossen und die Hände gefaltet, gerade so, als wollte ich um Gottes Beistand bitten. Vater bekommt das volle Licht des Blitzes ab: Sein Blick ist nicht etwa in die Kamera gerichtet, nein, er gilt einzig und allein dem Blitzbeutel.

WEIHNACHTEN 1945 IN BRESLAU ODER «LIEBER HEILIGER GEIST, SAGE UNS ...»

Dieter Neuendorf

Im Fernsehen kam wieder einmal gar nichts – das heißt, es gab ja noch gar kein Fernsehen. Elektrisches Licht hatten wir auch noch nicht, so kurz nach dem großen Krieg.

Strom hätte uns auch nichts genützt, wir hatten sowieso keine Glühbirnen. So saßen wir in der Weihnachtszeit 1945 in der kleinen dunklen Küche. Eigentlich waren wir ganz zufrieden, denn der Küchenherd lieferte eine wohltuende Wärme, dank einer kleingeschlagenen Anrichte, die Opa bei der Suche nach etwas Essbarem in einer Ruine gefunden und mitgebracht hatte. Wir warteten auf bessere Zeiten, nicht etwa auf den Weihnachtsmann. Was hätte der uns damals auch schon bringen können?

Wir, das waren Opa, Oma, die polnische Familie, welche aus ihrer Heimat vertrieben worden und die in unserem Haus in der oberen Etage untergekommen war, und der gute Junge. Das war damals ich, sechs Jahre alt. Und Stefan, der russische Soldat. Er kam fast jeden Abend zu uns.

Am Anfang hatten die Frauen noch Angst vor ihm, aber nun nicht mehr.

Er kam, sagte nie etwas und setzte sich auf die Ofenbank. Oft brachte er etwas Essbares mit, meistens Kascha, eine Art Graupenbrei aus der Feldküche; wenn wir Glück hatten, auch mal ein Stück Speck. Seine Schießkünste mussten hervorragend gewesen sein. Jedenfalls hatte er einmal ein Reh erlegt und schleppte es an. «Kosa, Kosa», sagte er damals (er konnte also doch sprechen). Aber Kossa, Stefan meinte damit Ziege, wollte er nicht essen. – Für uns ein Geschenk des Himmels, also ein echtes Weihnachtsgeschenk!

Unser Russe war ein sehr zurückhaltender Mensch. Er lachte, wenn wir lachten. Er schwieg, wenn wir schwiegen. Deutsch konnte er nicht. Selten sprudelten kehlige Laute aus seiner breiten Brust. Lachte er dann, so lachten wir auch. Schwieg er wieder, schwiegen auch wir.

Lachen konnten wir noch in der schweren Zeit, schweigen konnten wir auch, Russisch konnten wir nicht.

Von Zeit zu Zeit wanderte ein fahler, rötlicher Lichtschein durch den Raum, Opa hatte wieder einmal die Ofentür geöffnet, um ein Stück der Anrichte von 1900 nachzulegen. Mit einem Fidibus setzte er dann seine Tabakspfeife in Gang. In solchen Momenten bekam die Sache immer etwas Gespensterhaftes. Schemenhaft wirkten die Gesichter von uns ausgemergelten Gestalten. Es hatte den Anschein, als huschten Schatten die Wände entlang.

Omas Geisterstunde war gekommen. «Ich weiß nicht, ich weiß nicht ...», begann sie, «ich glaube, der Heilige Geist ist heute wieder unter uns.»

In solchen Momenten tippte sich Opa immer mit dem

Finger an die Stirn und verdrehte die Augen. Aber heute nicht. Heute ließ er Oma gewähren. Und dann begann das Ritual. Vorsichtig legte Oma einen großen Papierring auf den Tisch, Ziffern, Wörter und auch sonst für mich Unverständliches waren darauf zu sehen. Geradezu respektvoll wickelte Oma ein Glas aus einem schwarzen Stofftuch und stellte es in den Papierring. Dann mussten zwei Mitspieler jeweils den rechten Zeigefinger auf das Glas legen. Nach Omas eindringlicher Beschwörung, dass niemand schieben dürfe, konnte das Programm beginnen. Und da wir etwas schüchtern waren, stellte Oma die erste Frage gleich selbst: «Lieber Heiliger Geist, sage uns, wird der gute Junge *(das war ja ich!)* einmal eine gute Frau bekommen?»

Es geschah nichts. Warum auch. Ein diesbezügliches Begehren hatte ich (wohl altersbedingt) noch gar nicht zu erkennen gegeben. Oma wiederholte die Frage, obwohl einige aus dem Publikum schon mitleidig zu lächeln begannen. Opa öffnete die Ofentür, um ein Stück Anrichte nachzulegen. Doch dann sah er mit großen Augen in die Runde. Es war nicht zu fassen.

Wie von Geisterhand setzte sich langsam das Glas in Bewegung. Manchmal stockte es, als wollte es etwas suchen, doch dann beschleunigte es wieder und vollendete fast die dreihundertsechzig Grad. Unvermittelt blieb es stehen. Auf dem Zettel mit dem «Ja».

Ungläubiges Staunen in der Runde, aber auch Freude und Erleichterung, denn eine gute Frau sollte der gute Junge ja bekommen.

Der Bann war gebrochen. Oma war in Stimmung gekommen. Und so konnte die Vorstellung weitergehen. Die Fragen überschlugen sich förmlich:

«Darf der polnische Pan bald wieder in seine Heimat zurück?»

«Wann kommen die Schwiegersöhne aus der Gefangenschaft?»

«Dürfen wir in unserem Haus bleiben?»

Opa stellte keine Frage, noch nicht. Er war ein Schlitzohr. Nur ab und zu lächelte er still in sich hinein. Nun, nicht ganz still, und Oma musste es wohl bemerkt haben. Sie ärgerte sich und forderte das Schicksal geradezu heraus.

«Na, Alter, du glaubst wohl nicht, was der Heilige Geist sagt?»

Nein, Opa glaubte nicht an den Heiligen Geist. Aber so schnell sollte die Vorstellung nicht zu Ende gehen.

Opa legte seine Tabakspfeife an die Seite, räusperte sich und begann: «In meiner Hosentasche habe ich eine Streichholzschachtel. Ich weiß selber nicht, wie viele Streichhölzer da noch drin sind. Wenn der Heilige Geist dies beantworten kann, glaube ich alles, was bisher gesagt wurde und noch gesagt wird.»

Oma, jetzt haben sie dich auf dem falschen Fuß erwischt!

Stille, gespannte Stille. In der Dunkelheit sah man richtig, wie sich alle Blicke auf Oma richteten, die unruhig auf ihrem Stuhl hin und her rutschte. Sie sprach von einer unzulässigen Frage.

Aber Opa blieb hart. Es gab kein Zurück mehr, für beide nicht.

Und dann fasste Oma sich ans Herz und atmete tief durch. «Lieber Heiliger Geist, sage uns, wie viele Streichhölzer hat Hermann Spletter in der Schachtel?»

Jawohl, sie nannte ihren Mann beim vollen Namen: Hermann Spletter.

Zuerst passierte gar nichts. Sollte es sich doch um eine unzulässige Frage handeln? Oder gab es den Heiligen Geist gar nicht? Vielleicht nahm er auch nur eine Bedenkzeit.

Doch dann, anfangs kaum sichtbar, setzte sich das Glas in Bewegung.

Oma seufzte tief, und Opa strich über ihr Haar, das wie in ihrer Jugend immer noch tiefschwarz war. Vier Mädchen hatte sie dem ehemaligen Soldaten aus Kaisers Armee, Hermann Spletter, geboren, den «guten Jungen» hatte sie auch noch aufgenommen. Aus ihrem Haus in Posen war sie nach dem Ersten Weltkrieg vertrieben worden, in ihrem dann gebauten Haus in Breslau würde sie nach dem nun Zweiten Weltkrieg nicht mehr lange bleiben dürfen. – Da war es doch nicht verwunderlich, sich dem Heiligen Geist zu nähern und zu fragen, was das Leben noch so bringen würde.

Alle schienen bedrückt und glaubten, dass das Spiel zu Ende sei.

Das Glas war stehen geblieben, wohl auf einer Zahl, denn Oma flüsterte leise, ängstlich fragend: «Fünf?»

Die Spannung in der Küche war geradezu explosiv. Auch «unser Russe» wurde plötzlich wach. Weil es so dunkel war, hatte Opa zwischenzeitlich eine Kerze angezündet. Er gab nun seinen Platz am Ofen auf und kam zum Tisch zurück.

Er legte die Streichholzschachtel auf den Tisch. Er öffnete sie langsam, seine Hände schienen zu zittern. Unsere polnische Oma, die Babscha, weinte still vor sich hin.

Opa zählte die Streichhölzer: «Eins, zwei, drei …»

Er hielt inne. Fassungslos sah er in die Runde.

«Vier und fünf!»

Fünf Streichhölzer waren in der Schachtel gewesen.

Alle schienen nun ganz durcheinander zu sein, und unser Russe wollte schon wieder nach seiner Kalaschnikow greifen. Neben der polnischen Oma weinte nun auch unsere Oma.

«Ach Gott, ach Gott», schluchzte Oma, «das ist doch der Beweis: Der Heilige Geist weiß alles und sagt uns alles.»

Nur der gute Junge wusste immer noch nicht, was er mit einer guten Frau anfangen sollte. Noch nicht! Er hatte doch seine Oma. Und die erwartete erhobenen Hauptes neue Fragen.

Da flüsterte verschmitzt lächelnd der polnische Pan der Oma etwas ins Ohr.

Zuerst sagte Oma nichts. Ihr Blick schien ins Leere zu gehen. Doch dann fragte sie: «Lieber Heiliger Geist, sage uns, lebt Adolf Hitler noch?»

Der Heilige Geist kam nicht mehr dazu, die Frage zu beantworten.

Wie von einem Kanonendonner aus dem Schlaf gerissen, sprang unser russischer Soldat von der Ofenbank, riss seine Kugelspritze hoch und schrie: «Hitler kapuht, Woina kapuht!» Hitler tot, Krieg aus.

Opa beruhigte ihn: «Ja, Hitler tot. Der Krieg ist zu Ende, und du kommst bald zurück nach Hause zu deiner Mamtschka.»

Jemand blies die Kerze aus. Dann kam Opas Stimme aus dem Dunklen: «Nimm das Ding vom Tisch, alles Quatsch.»

Selbstverständlich hatte er vorher fünf Streichhölzer abgezählt gehabt, und selbstverständlich hatte er einem der Mitspieler unter dem Tisch fünfmal auf den Fuß getreten, als die Frage an den Heiligen Geist gestellt worden war.

Was anschließend geschah, ist mir nicht mehr so genau in Erinnerung …

EINE TORTE ZU WEIHNACHTEN

Heiderose Reichelt

Ich will euch von einer ganz besonderen Torte erzählen und dem Moment, als ich sie zum ersten Mal in meinem Leben gegessen habe. Dazu gehört aber eine kurze Vorgeschichte.

Der Zweite Weltkrieg war etwa vier Jahre vorbei. Unsere Stadt unweit Berlins lag in Trümmern, es gab kaum etwas, das nicht zerbombt, gesprengt oder zerschossen war. Es war das Jahr, in dem unser Vater aus russischer Kriegsgefangenschaft heimgekehrt war. Ich weiß noch, als es klingelte und mein Bruder und ich zur Tür rannten, um sie zu öffnen. Vor uns stand ein großer, hagerer, unrasierter Mann mit einem Holzkoffer in der Hand. Während wir ihn sprachlos anstarrten, kam unsere Mutter aus der Küche, die beiden nahmen sich sofort in den Arm. Es war unser Vater. Ich erinnere mich, dass ich monatelang Onkel zu ihm sagte, bis aus der Fremdheit schließlich Vertrautheit wurde.

Aber zurück zur Torte. Wir Kinder kannten dieses Wort bisher nur aus einem alten Kochbuch, in dem wir öfter blätterten und in dem wir immer so viele Köstlichkeiten entdeckten. Manches Mal spielten wir: Welche Seite soll ich aufschlagen? Sag eine Zahl. Und schauten sehnsüchtig auf die fotografierten Herrlichkeiten in Schwarz-Weiß. Bäckerläden gab es damals in unserer Region noch nicht wieder. Was hätten sie auch anbieten können?

Einige Grundnahrungsmittel erwarben die Menschen mit Lebensmittelkarten als Zuteilung in kleinen Geschäften, wie etwa Mehl, Zucker, Salz, Margarine, Magermilch, Brot, Kartoffeln. Dazu auch Kohlen und etwas Holz. Aber die Lebensmittel reichten nur mühevoll unter viel Verzicht und geschickter Einteilung unserer Mutter bis zum Monatsende.

So gingen wir im Sommer und Herbst Ähren, Beeren und Pilze sammeln. Manchmal fanden wir auf einem abgeernteten Acker noch ein paar Kartoffeln. Und für den Winter suchten wir Kienäpfel, Reisig und alles, was sonst noch gut im Kachelofen brannte.

Aber ich schweife schon wieder ab. Wieder zur Torte. Am Heiligen Abend war alles besonders geheimnisvoll. Wir durften nicht ins Wohnzimmer und auch nicht in die Küche. So hüpften wir überwiegend im kleinen Korridor herum. Manchmal guckten wir auch durchs Schlüsselloch, obwohl wir nichts erkennen konnten. Wir waren neugierig und aufgeregt, denn irgendeine Überraschung gab es auf jeden Fall.

Wenn das Wetter nicht zu kalt oder regnerisch war, spielten wir allerdings am liebsten draußen. Wir hatten damals nicht so schöne warme Jacken, Hosen und Stiefel, wie es sie heute überall zu kaufen gibt. Ich trug einen schweren Mantel aus altem feldgrauen Militärstoff, der zu meiner Freude am Kragen und an den Taschen mit Kaninchenfell abgesetzt war. Darunter ein Kleid und an den Beinen lange braune Strümpfe, die wir bis übers Knie zogen, um sie mit einem breiten Lochgummiband an ein Leibchen, das etwa bis zum Bauchnabel reichte, zu knöpfen. Auch mein Bruder trug Strümpfe mit solch einem Leibchen. So sausten wir mit Nachbarskindern durch die Gegend. Das machte Spaß und wärmte auch gut. Wir spielten besonders gern Wegrennen und Einkriegen oder Verstecken und Suchen oder Humpelkästchen, manche sagten auch Himmel und Hölle dazu. Dabei hüpften wir nach festgelegten Regeln auf einem Bein in mit Kreide gezeichnete Kästchen und durften dabei nicht auf die Linien treten. Ideenreich waren wir immer und erfanden immer neue Spiele.

Die Torte. Das Rezept dafür hatte unser Vater aus Russland mitgebracht. Ob die Frauen dort sie tatsächlich zubereiteten oder ob die Idee von mitgefangenen Kameraden kam, wusste ich nicht. Jedenfalls war die Überraschung riesig, als am Heiligen Abend nachmittags eine Torte auf dem Tisch stand. Wir waren fassungslos. Eine richtige Torte, und das zu Weihnachten. Wir kannten bisher nur Marmeladen- und Sirupstullen, dazu Malzkaffee mit etwas Milch.

Wie gebannt sahen wir zu, als unser Vater die Torte, nachdem wir sie ausgiebig bewundert hatten, feierlich mit dem Brotmesser anschnitt. Jeder bekam ein großes Stück auf seinen Teller.

Wir sangen dabei mit Freude: «O du fröhliche, o du selige gnadenbringende Weihnachtszeit ...», fassten uns dann an den Händen und sagten: «Gesegnete Mahlzeit.»

Jetzt durften wir sie essen. Die Torte. Jeder ein ganzes Stück. Welch eine wundervolle Bescherung. Unsere Augen leuchteten vor Freude wie Lichter in der Dunkelheit.

Ich habe in meinem ganzen Leben nie wieder so eine Köstlichkeit gegessen.

Aber nun am Schluss der Geschichte will ich euch noch verraten, wie ich die Zubereitung in Erinnerung habe:

Zunächst schnitt unsere Mutter Graubrot in große Brocken, die sie in Wasser einweichte, denn Milch hatten wir dafür nicht. Als es aufgeweicht war, drückte sie aus dem Brot das Wasser heraus und teilte die Masse in etwa drei gleiche Häufchen. Mit dem ersten Teil bedeckte sie den Boden einer Springform. Nun legte sie eingeweckte Brombeeren darauf. Wieder eine Schicht Brotmasse. Jetzt darauf gehackte Pflaumenkerne als Mandelersatz und Zuckerrübensirup. Schließlich die restliche Brotmasse. Und als Abschluss eine dünne Schicht aus Pflaumenmus, darauf geröstete Haferflocken gestreut.

«Die Flocken schmecken fast wie Krokant», sagte unsere Mutter lächelnd. Wir sahen sie staunend an. Das Wort kannten wir nicht.

Und schließlich dekorierte sie noch alles mit schmalen Apfelspalten und darauf Margarinetupfen als Schlagsahneersatz. Das Beste aber: Auf der Oberfläche waren kleine bunte Zuckerperlen.

Fertig war die Brottorte. Und das ganz ohne Backofen, was unsere Mutter bei den unangekündigten Gasabschaltungen und Stromsperren besonders freute.

Ihr solltet das Rezept mal zu Weihnachten ausprobieren. Und wenn ihr in eurer behaglichen Wohnung am Nachmittag bei Kerzenschein richtigen Bohnenkaffee und Kakao trinkt und vor euch eine solche Torte steht, habt ihr vielleicht genauso leuchtende Augen wie wir. Damals. Vor mehr als sechzig Jahren. In der Nachkriegszeit.

UNSER SCHÖNSTER TANNENBAUM

Karla Bunje

Es war noch im Jahre 1945. Der Krieg war seit Mai zu Ende, und es gab keinen Fliegeralarm mehr. Wir Kinder mussten wieder regelmäßig jeden Morgen um acht Uhr zur Schule.

Einige Wochen vor Weihnachten sagte unser Lehrer zu uns: «Dieses Jahr werden wir das erste Weihnachtsfest nach dem schrecklichen Krieg in Frieden feiern. Ich denke, wir sollten es zu einem besonderen Fest werden lassen, was meint ihr dazu?»

Wir Kinder im Alter von sieben bis vierzehn waren von der Idee begeistert.

Der Lehrer schlug vor, in diesem Jahr einen extra schönen Weihnachtsbaum in unserem Klassenzimmer aufzustellen. «Wenn ihr Lust habt, werden wir uns nachmittags treffen und bunten Schmuck für den Tannenbaum basteln – was meint ihr?» Wir fanden den Vorschlag natürlich toll. Der Lehrer sagte: «Vielleicht sind eure Eltern bereit, Äpfel, Nüsse, kleine Kuchen, Buntpapier oder Ähnliches zu spenden, das wäre schön.»

Zu der Zeit nämlich, so kurz nach Kriegsende, waren die

Lebensmittel, die schon seit Jahren knapp gewesen waren, in den Läden noch nicht alle zu haben. Deshalb hatten die Leute nichts zu verschenken, und es entwickelte sich ein reger Tauschhandel. So tauschten sie bei den Bauern Familienschmuck, Kleidung und Sonstiges gegen Nahrung ein.

Mit viel Geschick und Überredungskunst schafften wir Schüler es, nach ein paar Tagen allerlei feine Sachen zusammenzutragen. Jetzt konnten wir ans Werk gehen. Wir Mädchen bastelten Sterne und Ketten aus Goldpapier. Der Lehrer hatte in seinem Garten einige Bienenvölker: Er spendete deshalb Wachs, um mit den Jungen daraus Kerzen für den Tannenbaum zu ziehen. Wir malten weihnachtliche Fensterbilder und sägten mit der Laubsäge kleine Engel und Schaukelpferde. In diesen Bastel-Wochen vor Weihnachten in der Schule hatten wir so viel Spaß wie nie zuvor und waren glücklich und vergnügt.

Der große eiserne Ofen im Klassenzimmer wurde mit Torf beheizt und sorgte für eine wohlige Wärme. Einen Tag vor Weihnachten schmückten wir den Tannenbaum, und er sah prächtig aus.

Für den nächsten Tag kündigte unser Lehrer uns eine Überraschung an. Was konnte das wohl sein? Wir waren so gespannt und liefen am nächsten Morgen mit Herzklopfen zur Schule. Es war draußen noch fast dunkel, als wir die Schule betraten. Die Tür zum Klassenzimmer wurde geöffnet, und da stand der Tannenbaum im hellen Kerzenschein. Aber was entdeckten wir? Das verschlug uns die Sprache, und wir waren mäuschenstill. So etwas hatte die Welt wohl noch nie gesehen! Um den Tannenbaum herum und zwischen den Zweigen hindurch schlängelte sich eine lange Kette brauner Knackwürstchen.

Wie kam es zu diesem Wunder? Unser Lehrer hatte diese Idee gehabt und mit dem Inhaber einer Landschlachterei gesprochen. Der hatte sich nicht lumpen lassen und die Würstchen spendiert. Seine Frau hatte mit einer Stopfnadel die Würstchen zu einer langen Kette auf ein Band gezogen. Außerdem hatte die Frau des Lehrers einen großen Topf voll Pellkartoffeln gekocht. Mannomann, haben wir mittags mit einem Appetit gefuttert und geschmatzt! Wann bekam ich denn zu Hause schon mal ganz alleine eine dicke Knackwurst zu essen? Sie wurde doch immer in gleich große Portionen geschnitten und an uns drei hungrige Kindermäuler verteilt.

Diese wunderbare Weihnachtsfeier und den schönen, ganz besonderen Tannenbaum werde ich mein Lebtag nicht vergessen.

WEIHNACHTEN VOR 67 JAHREN

Aufgezeichnet 2019

Annelies Karnovsky

Wir wohnten damals in einem kleinen Dorf namens Wahrendahl. Unser Opa war krank geworden, und wir waren somit gar nicht mehr fröhlich. Der Arzt meinte, es stünde sehr schlecht um ihn, und wir sollten den Pfarrer holen. Ich dachte: Aber doch nicht an Weihnachten. Heiligabend war doch schon übermorgen.

Heiligabend kam, und wir Kinder rätselten: Was wird nun? Doch alles lief wie immer.

Nach dem Essen – Sauerkraut und schlesische Weißwürstchen – sollten wir wie immer zu den Großeltern drei Häuser weiter gehen. Es lag viel Schnee, hatte den ganzen Tag geschneit und schneite immer noch. Dick angezogen, ging es los. Fränzchen, unser Jüngster, war am 23. Dezember gerade zwei Jahre alt geworden. Er kletterte auf meinen Rücken, hielt sich an meinen Zöpfen fest, und los ging's. Wir stapften durch den hohen Schnee. Es war lustig, bis meine Schwester schrie: «Fränzchen hat einen Hausschuh verloren.» Also: Alle wieder zurück und im hohen Schnee gesucht. Nachdem Fränzchen zweimal von meinem Rücken geplumpst war, gab ich es auf, mit zu suchen. Tatsächlich fanden wir den Schuh. Sehr laut und fröhlich durcheinanderredend, kamen wir bei den Großeltern an.

Opa saß gut gelaunt im Bett und lächelte. «Kinder, Kinder, nicht so laut.»

Wir waren immerhin fünf Kinder. Man muss sich das einmal vorstellen, wie alle aufgeregt ins Krankenzimmer stürmten. Wobei es auch nur ein Zimmer gab.

Ich erschrak, denn hinter der Tür stand ein mir unbekannter Mann. Sah so der Weihnachtsmann aus? Er lächelte nur und schaute uns an.

Oma erklärte: «Das ist euer Onkel Franz.» Eltern und Sohn sahen sich nach vielen Jahren Krieg und Gefangenschaft wieder, nun gerade an Heiligabend.

Inzwischen waren unsere Eltern gekommen, um uns zu holen. Sie erblickten Onkel Franz und umarmten ihn. Alle weinten, sogar mein Papa, das hatte ich noch nie gesehen. Bei Oma schon – sie weinte viel in diesen Jahren. Und Oma war ja alt, wir hatten kürzlich ihren siebzigsten Geburtstag gefeiert.

Schließlich ging es zurück nach Hause. Onkel Franz kam natürlich mit, Oma auch. Opa meinte, er wolle nun schlafen, er sei sehr müde. Papa rannte voraus. Die Tür ging auf, und alle sahen voll Freude auf den Tannenbaum. Nie vorher in all den Jahren hatte ich die Tanne und den selbst gebastelten Schmuck so gesehen.

Wir Großen mussten unsere Gedichte aufsagen, mein Bruder Horst jedes Jahr «Ein Tännlein aus dem Walde» und ich «Markt und Straßen stehen verlassen». Ich kann es heute noch. Was meine anderen Geschwister vortrugen, weiß ich nicht mehr.

Fränzchen entdeckte sein Geschenk, ein gebasteltes Pferd und einen Wagen. Er war so glücklich und nahm es später mit ins Bett. Ich bekam einen Ziehharmonika-Nähkasten und dicke lange Strümpfe – sie kratzten fürchterlich. Den Nähkasten habe ich erst letzten Sommer entsorgt. Er stand im Keller und war voller Nägel und Schrauben, allem, was mein Mann Bernhard so brauchte.

Zum Fest musste auch gesungen werden. Papa spielte auf der Mundharmonika, Mutter sang ganz glücklich mit ihrem schönen Sopran. Fränzchen wollte immer wieder das Lied vom «Tannebaum» und «Bätter» singen. Wir haben es wohl achtmal gesungen.

Onkel Franz saß in der Ecke und schaute vom einen zum anderen. Er strich uns immer wieder über die Köpfe und sagte: «Das ist Weihnachten: Kinder, Zuhause.» Ich sah auch ein paar Tränen über sein Gesicht laufen.

Ich denke heute oft darüber nach, warum gerade dieses Weihnachten so in meiner Erinnerung blieb.

Übrigens: Opa tanzte zehn Jahre später kurz vor Weihnachten noch auf meiner Hochzeit mit mir.

VON GÄNSEKLEIN BIS STILLE NACHT

Christine Pilot

Wenn man mich damals, vor über fünfzig Jahren, gefragt hätte: «Was ist der schönste Tag des Jahres?», ich hätte ohne Zögern geantwortet: «Heiligabend!» Und damit durchaus den ganzen Tag gemeint.

Doch als ich neulich Freunden von diesem Tag erzählte, davon, wie er in meiner Kindheit abgelaufen war, als ich eben nicht nur den Abend beschrieb, sondern auch die vielen Stunden davor ... – da staunte ich noch im Nachhinein: Das alles hatte dazugehört? Zum schönsten, zum allerschönsten Tag im Jahr?

Ich wachte auf vom Geruch nach Gänseklein. Wenn ich ein Essen nicht ausstehen konnte, dann war es Brühreis mit Gänseklein. Aber genau das gab es jährlich Heiligabend zu Mittag. Meine Mutter, die eine erfahrene Hausfrau war, wusste nämlich: «So lange, wie das Gänseklein zum Garen braucht, so lange braucht morgen auch die Gans» – ein Argument, dem sich niemand widersetzen konnte, mein Vater nicht, und schon gar nicht ich.

Und so saß ich bald beim Frühstück in der Küche, umgeben von den Dämpfen des Gänsekleins, das seit dem frühen Morgen vor sich hin köchelte und mein Marmeladenbrot und meine Milch ganz komisch schmecken ließ.

Mein Vater war da meist schon im Wohnzimmer tätig, das ich nun nicht mehr betreten durfte. Ich wusste natürlich trotzdem, was da drinnen geschah: Ich hörte Sägegeräusche, leises Schimpfen, wieder Sägegeräusche ... Es war klar: Papa mühte sich ab mit dem Weihnachtsbaum, der jedes Jahr wieder zu groß ausfiel und meinen Vater – der doch am Schreibtisch zu Hause war – regelmäßig vor eine Herausforderung stellte.

«Maus», sagte meine Mutter ebenso regelmäßig zu mir, «nach dem Frühstück gehst du gleich mal zu Herrn Müller rüber, sein Päckchen hab ich dir schon in den Flur gelegt. Nein, Maus, du brauchst gar nicht so zu gucken! Dass auch der Hauswart sein Weihnachten kriegt, das gehört sich einfach so.»

Nun gut, es mochte sich ja so gehören, aber unseren Hauswart zu beschenken, ging mir trotzdem gegen den Strich:

Ihn, der uns Kinder aus den Grünanlagen scheuchte, der uns anhielt, wenn wir auf unseren Rollern um die Ecken düsten, der im Winter unsere Schlitterbahn mit Sand bestreute ... ihn, diesen Spielverderber, sollte ich beschenken?

Aber jedes Jahr wieder – wie konnte ich es nur vergessen – nahm der Spielverderber voller Rührung das Päckchen entgegen, das ich ihm mit dem damals üblichen Knicks und dem Lächeln des wohlerzogenen Mädchens überreichte.

«Das ist aber nett!», sagte er dann mit einem echten Lächeln. «Richte bitte deinen Eltern meinen herzlichen

Dank aus, und ich wünsche euch auch fröhliche Weihnachten!»

Den Rückweg legte ich jedes Mal hüpfend zurück, erwärmt von einem ebenso rätselhaften wie schönen Gefühl, aber natürlich auch einfach froh über die erledigte Aufgabe.

Doch kaum, dass ich zu Hause angekommen war, erwartete mich schon die nächste Pflicht:

«Maus», sagte meine Mutter mit bedeutsamem Blick, «du weißt ja: Heute Abend kommt der Weihnachtsmann! Und vielleicht ...»

Ach, ich wusste schon, worauf die Andeutung hinauslief: Ich sollte mal wieder mein Regal aufräumen. Um Platz zu schaffen für eventuelle neue Spielsachen.

Und so hockte ich denn im Schlafzimmer vor meinem Spielzeugregal – ein eigenes Zimmer hatte ich noch nicht –, während hinter der Wand, im danebenliegenden Wohnzimmer, mein Vater inzwischen Telefonate führte:

«Schönen guten Tag», hörte ich ihn sagen, und seine Stimme klang bereits ein bisschen gereizt. «Sagen Sie, in Ihrem Gottesdienst heute Nachmittag, singen Sie da eigentlich auch ‹Stille Nacht›? Nicht? Na, das enttäuscht mich ja. Unser schönstes, unser innigstes Weihnachtslied! Wie? Ein katholisches Weihnachtslied? Ja, sagen Sie, in welchem Jahrhundert leben wir denn? Die Glaubenskriege sind schon lange vorbei! Ja, das dürfen Sie gern Ihrem Pfarrer sagen!»

Grußlos wurde der Hörer aufgelegt – das hörte ich sogar durch die Wand hindurch – und eine neue Nummer gewählt ...

Irgendwann fand mein Vater übrigens immer eine Gemeinde, die evangelisch war, aber durchaus «Stille Nacht» sang; allerdings konnte diese ein paar Kilometer entfernt liegen.

Ermattet erschien er schließlich im Flur, blickte zu mir ins Schlafzimmer hinein, atmete hörbar ein und noch hörbarer aus und sehnte sich offenbar nach ein bisschen Unterstützung, weshalb ich meine Räumarbeiten für beendet erklärte und dem armen Papa in die Küche folgte.

Hier gelüstete es ihn – trotz der Tageszeit – nach einem erquickenden Bier. Arglos ging er deshalb auf den Kühlschrank zu und konnte – hoffentlich! – gerade noch von meiner Mutter aufgehalten werden. «Vorsicht, Gans!», rief sie meist noch rechtzeitig aus, denn im Kühlschrank lag – groß und leichenhaft blass – die Gans, von deren Anblick im Rohzustand mein Vater unvermeidlich eine Griebe bekam.

Endlich mit seinem «Bierchen» versorgt, saß er dann am Küchentisch, während meine Mutter unsere Teller mit dem traditionellen Essen füllte: dem unumgänglichen Brühreis mit Gänseklein.

Nach dem Mittagessen ging es dann spürbar bergauf: Wir fuhren zum Friedhof, zum Grab meiner Großeltern, was an sich noch nichts Stimmungserhebendes war, doch mein Vater hatte ein Bäumchen dort aufstellen lassen, und das war mit unzähligen kleinen Kerzen besteckt.

Nun musste nur noch das Wetter mitspielen: War es windstill, ach, dann wurde es traurig. Denn dann brannten die Kerzen friedlich vor sich hin, und wir drei standen einfach nur schweigend da, bis meine Mutter leise sagte: «Wie lange ist das jetzt her ...», oder: «Das wievielte Weihnachten ist das jetzt schon ...», und mein Vater sich verstohlen eine Träne wegwischte.

War es aber windig, ja, dann wurde es fröhlich: Dann gingen nämlich die ersten Kerzen schon wieder aus, während die nächsten noch nicht einmal angezündet waren, dann hieß es: «Pass auf! Ha, gerade noch!», oder: «Dort!», «Wo?», «Och schade, zu spät», dann konnten wir gar nicht genügend Hände haben, um sie schützend vor all die Flammen zu halten, dann wurde der Besuch am Grab meiner Großeltern zu einem liebevollen Geschicklichkeitsspiel.

Noch während wir auf dem Friedhof waren, hörten wir die Glocken unserer Kirche läuten, und obwohl doch mein Vater herausgefunden hatte, dass «Stille Nacht» dort nicht gesungen wurde, gingen wir, von einem einzigen Weihnachten abgesehen, jedes Jahr doch wieder genau dorthin.

Denn hier, in unserer Kirche, traf ich die Kinder, die ich kannte, hier grüßten auch meine Eltern nach rechts und nach links, hier waren die Krippenfiguren dieselben wie in den Jahren zuvor, stand der Christbaum genau am richtigen Fleck ... Kurz: Hier war es nicht nur weihnachtlich, hier war auch alles vertraut.

Wenn alles nur nicht so lange gedauert hätte: die Predigt, der Chorgesang, die Ankündigungen, das langsame Sichhinausschieben zum Orgelnachspiel, draußen dann das Verabschieden von Nachbarn und Bekannten ...

Aber irgendwann waren wir dann doch auf dem Heimweg, gingen durch Straßen, die inzwischen schon dämmerig waren, vorbei an Fenstern, hinter denen schon Kerzen brannten – bis mein Vater die Tür zu unserer Wohnung aufschloss und nun endlich auch unser Heiliger Abend begann.

Zwar lag noch der Geruch von Gänseklein in der Luft, doch wurde er schnellstens überlagert von dem frisch gebrühten Kaffee, von den Gewürzen der Lebkuchen, die ich aus ihrer Blechdose holte, und dem zarten Duft des Stollens, den meine Mutter jetzt anschnitt.

Dann endlich stand ich im Flur vor der Wohnzimmertür. Durch das geriffelte Glas fiel Kerzenlicht, von drinnen hörte ich Rascheln und Flüstern und schließlich das Klingeln des Weihnachtsglöckchens.

Die Tür ging auf, der Christbaum stand da …

Und dann, dann sangen wir «Stille Nacht». Und das hatte ich den ganzen langen Tag über gewusst.

DER 6. DEZEMBER 1945

Beate Schaepe

Der Nachkriegswinter war angebrochen. Er kam mit viel Schnee und starken Frösten. Wir hungerten und froren. Es gab nicht genügend Kohle, um die Wohnung den ganzen Tag zu heizen. Die Lebensmittel wurden rationiert, und es war nie ausreichend zum Sattwerden da.

Wir waren die Kinder vom Sterlingsweg. Diese Straße war ganz in der Nähe der Eisenbahnbrücke. In unserem Haus wohnten fünfzehn Jungen und Mädchen. Dazu gab es aber nur drei Väter! Die anderen waren zum Teil gefallen, vermisst oder in Kriegsgefangenschaft geraten.

Immer wenn die Weihnachtszeit beginnt, erinnere ich mich gern an den Nikolaustag 1945 – auch wenn es eine sehr entbehrungsreiche Zeit war.

Am frühen Abend klingelte es damals an allen Wohnungstüren, und ein lautes Poltern und Klopfen war im ganzen Haus zu hören. Plötzlich stand der Nikolaus im Hausflur. Wir mussten alle aus den Wohnungen kommen. Mir und auch den anderen kleinen Kindern erschien der Nikolaus damals riesengroß. Er trug einen roten Kapuzenmantel, und seine großen Stiefel waren mit Schnee bedeckt, im Gesicht hatte er einen großen weißen Bart.

Die größeren Jungen flüsterten spöttisch und hinter vorgehaltener Hand, dass es gar keinen richtigen Nikolaus gebe.

Der Nikolaus stand aber da – in voller Größe! Auf dem Rücken trug er einen Sack und unter dem Arm eine Rute für die bösen Kinder.

Jetzt waren wir Kleinen aber auch ein bisschen verunsichert. Ich wollte so gerne etwas geschenkt bekommen.

Der Nikolaus räusperte sich erst einmal, und dann fing er an zu sprechen. Gleich nach dem ersten Satz waren wir sprachlos, denn er wusste von der zerbrochenen Fensterscheibe, von den Klingelrutschern, wer immer die Gartenzwerge versteckte und den jüngeren Kindern etwas abluchste und vieles mehr. Nun stand für mich und auch bei den anderen Kleinen fest, dass der Nikolaus echt sein musste!

Besonders streng wurde der Nikolaus, als er uns verbot, jemals wieder in der Ruine, die sich ein paar Häuser weiter befand, zu spielen. Dafür gab es für alle Kinder ein paar kleine Berührungen mit der Rute aufs Hinterteil. Wir mussten laut und deutlich versprechen, dass wir es nicht wieder tun würden.

Danach wurde der Nikolaus freundlicher. Er wusste auch, dass wir gut zusammenhielten und die älteren Kinder den Jüngeren oft halfen! Er lobte besonders, dass wir der behinderten Nachbarin Frau Dreßler beim Treppeputzen behilflich waren oder für sie einkaufen gingen. Dafür hatte der Nikolaus für jedes Kind ein Haferflockenplätzchen und ein selbst gemachtes Karamellbonbon in der Manteltasche.

Zu unserem großen Erstaunen kamen nun die Erwachsenen dran. Die Spannung stieg. Der Nikolaus hatte festgestellt, dass es bei den Erwachsenen eine schreckliche Unsitte gab: Nachts wurden oft Dünger- und Kohlenzüge am Weitertransport gehindert. Schuld daran waren die bösen Erwachsenen, weil sie die Züge besonders im Dunkeln plünderten. Das verbot der Nikolaus mit lauter und tiefer Stimme aufs Strengste.

Mitten in seiner Strafpredigt hörte man draußen Zugräder rollen, es quietschte laut, und dann war es still.

Der Nikolaus riss sich den Bart aus dem Gesicht, warf in Windeseile den Kapuzenmantel weg, schnappte sich den großen Sack und rannte los. Siehe da, der Nikolaus war die große Senta, die ein paar Häuser weiter wohnte. Sie war heute die Erste am Kohlenzug.

DAS KLETZENBROT

Wilhelm Putz

Früher hat meine Großmutter immer das Kletzenbrot gebacken, ganz früher hat sie es vorbereitet und einem Bäcker zum Backen gebracht. Von ihr bekamen wir immer einen Striezel Kletzenbrot. Als Kinder mochten wir es überhaupt nicht. Kletzenbrot ist offensichtlich etwas, das nur Erwachsenen schmeckt, besonders alten Leuten. Ich selbst war sicher schon dreißig Jahre alt, als es mir einigermaßen zu schmecken begann, und ich mag es von Jahr zu Jahr lieber. Dabei gäbe es dieses Kletzenbrot gar nicht mehr, wenn wir nicht darauf geachtet hätten, dass das Rezept unserer Oma in der Familie weitergegeben wurde. Niemand kümmerte sich um das Kletzenbrot, und Oma wurde immer älter. Obwohl es uns damals noch gar nicht so richtig schmeckte, waren Marianne und ich uns einig, dass das etwas war, das man weiterführen und für weitere Generationen erhalten sollte.

Oma hatte das Rezept nicht aufgeschrieben – es war sozusagen ihr Geheimnis. Gewiss gibt es zur Genüge Rezepte von Kletzen- und Früchtebroten, letztendlich schmeckt aber keines wie das andere, weil jeder sein Geheimnis mit hineinbäckt. Marianne, meine Frau, hatte daher meine

Großmutter gebeten, ihr das Kletzenbrot-Backen beizubringen. Und so geschah es dann auch – learning by doing, wie man auf Neudeutsch sagt. Seither versorgt Marianne die ganze Familie und die Patenfamilien unserer Kinder jedes Jahr mit einem Striezel Kletzenbrot. Solange meine Oma lebte, natürlich auch sie, denn jetzt, wo diese Aufgabe jemand anderer übernahm, brauchte sie sich nicht mehr damit abzumühen. Marianne erfüllte es mit Stolz, dass sie von ihrer Lehrmeisterin jedes Jahr höchste Anerkennung bekam. Und meine Großmutter erfüllte die Tatsache mit Stolz und Freude, dass ihr Kletzenbrot, dessen Rezept sie von ihrer Mutter übernommen hatte, von ihren Enkeln bewahrt wurde.

Was ist denn nun dieses Kletzenbrot? Es ist im Wesentlichen ein Gemisch von Früchten in einem Teigmantel, der zu einem Striezel geformt wird. Eigentlich ist es aber mehr, viel mehr. Wenn jemand die erforderlichen Zutaten kennt, ist er noch lange nicht in der Lage, ein gutes Kletzenbrot zu backen. Es werden getrocknete Birnen, die bei uns Kletzen heißen, gedörrte Zwetschken, Feigen, Rosinen, Aranzini, Zitronat und Nüsse mit Zucker und Lebkuchengewürz vermischt. Bei der Menge, die Marianne jedes Jahr macht, bleibt uns nichts anderes übrig, als das in unserer Wanne, in der wir die Kinder badeten, als sie noch Säuglinge waren, zu tun. Jetzt kommt das Wichtigste: Man muss nach Gefühl genau die richtige Menge des Wassers dazugeben, in dem vorher die Kletzen abgekocht wurden, und zudem eine bestimmte Menge Mehl – ungefähr so viel, wie man es Semmelknödeln beigibt, damit diese nicht auseinanderfallen, sondern ein Würfel Knödelbrot am anderen picken bleibt. Das alles wird wieder und wieder vermischt, eine Hilfstätigkeit, für die in der Regel ich herangezogen werde, bis der entscheidende Augenblick kommt: Als letzte Zutat wird eine Flasche Schnaps, nicht ein Fläschchen, sondern eine große Flasche Obstler, darübergegossen und untergemischt. Nach dieser Prozedur wird die Badewanne ganz schnell mit Tüchern zugedeckt und in einem großen Müllsack luftdicht verpackt, damit auch ja nichts von dem kostbaren Schnaps verdampfen kann. Über Nacht können die Früchte ihren Rausch auf unserem warmen gemauerten Ofen ausschlafen – auch wir gönnen uns nach dieser anstrengenden Arbeit und vom Dampf des Obstlers ein wenig benebelt eine halbe Stunde auf der Ofenbank. Am nächsten Tag beginnt dann die heikle Phase, da die Masse so in den Brotteig einzupacken ist, dass die Rinde zwar so dünn wie möglich wird, aber trotzdem nicht reißt. Vor dem Backen werden die Striezel mit einfachen Stichmustern und halben Walnüssen verziert und dann ins Backrohr geschoben. Jetzt kommt es nur noch darauf an, dass sie die richtige Bräune bekommen und durch, aber nicht trocken gebacken werden.

Angeschnitten wird das Kletzenbrot bei uns immer erst am zweiten Weihnachtsfeiertag, dem Stefanitag, und wie es so der Brauch ist, übernimmt diese ehrenvolle Aufgabe der Vater, also ich. Oma war mit dem Ergebnis immer sehr zufrieden. Was sie besonders hervorhob: «Das ist sogar noch saftiger, als meines war.»

Vielleicht liegt es daran, dass wir mit dem Obstler nicht sparen. Eine geringfügige Änderung wird wohl jede künftige Generation vornehmen, und das ist dann genau diese Winzigkeit, die dem Kletzenbrot die unverwechselbare Note seines Erzeugers gibt.

IHR KINDERLEIN, KOMMET

Ilse Mucks

Heiliger Abend 1944. Bis heute habe ich ihn nicht vergessen, denn wir alle befanden uns im Zwiespalt der Gefühle. Ausnahmsweise gab es keinen Luftalarm. Schnee bedeckte gnädig die Ruinen der Stadt Helmstedt nach dem Bombenangriff am 20. Februar.

Auch unser Elternhaus lag in Schutt und Asche, zwei der Spielgefährten, mit denen wir kurz zuvor noch unterwegs gewesen waren, verloren im nachbarlichen Keller ihr Leben. Eine neue Bleibe in Form einer Einzimmerwohnung mit Küchenbenutzung fanden wir am Batteriewall bei einer alten gehbehinderten Frau.

Unser Rodelschlitten hatte den Angriff überlebt. Somit kam er zum Einsatz. Ganz in der Nähe gab es einen seichten Abhang, den Juliusberg, den man schnell erreichte. Eine weite Entfernung erlaubten die Zeitumstände keinesfalls, da bei Tag und Nacht jederzeit die Sirenen aufheulen konnten. Wenn das geschah, mussten wir sofort in den Luftschutzkeller flüchten.

Wir lernten, mit den Ängsten umzugehen. Im Gegensatz zu den Eltern konnten wir uns noch gelegentlich ablenken. So auch an diesem Tag: Mit Schwung sausten alle Kinder der Umgebung mit ihren Schlitten den Abhang des Juliusbergs hinab und landeten mitunter im Schnee. Die langen blonden Zöpfe meiner Schwester Sigrid wippten dabei lustig im Wind. Noch heute sehe ich sie deutlich vor mir, denn wärmende Kapuzen gab es für uns nicht.

Wenigstens wir Kinder hatten das Lachen nicht ganz verlernt, obwohl die West- sowie Ostfront von Stunde zu Stunde unaufhaltsam näher rückten.

Leider verging die Zeit viel zu schnell, sodass wir uns schließlich von den anderen verabschieden mussten. Auch unsere Kleidung veranlasste uns zum Heimgehen. Sie war unzulänglich, durchnässte leicht und ließ uns frösteln. Lange Hosen sowie stabile Stiefel kannten wir nicht, lediglich warme Strickstrümpfe mit Leibchen nebst einfachen Schnürstiefeln, die bis über die Knöchel reichten. Zum Wechseln gab es nichts, da alles beim Bombenangriff verloren gegangen war. Bezugsscheine wurden nur gelegentlich ausgestellt. Wie schon erwähnt, die Zeiten wurden immer schwieriger, wir aber mussten möglichst klaglos hindurch. So auch an diesem Tag.

Vater hatte für zwei Tage Heimaturlaub. Er war, trotz seiner schon zweiundsechzig Jahre, als Betreuer einer Schulklasse im Raum Braunschweig / Salzgitter bei der Luftwaffe stationiert. Er empfing uns mit der Mutter auf der Türschwelle. Blass und müde schauten beide aus, denn es lag einiges hinter unserer Familie. Darüber konnte selbst der Heilige Abend nicht hinwegtäuschen. In einem kleinen sogenannten Kanonenofen bullerte das Trümmerholz neben zerfetzten Büchern, die wir aus dem Schutt geborgen hatten. Puh, wie es da stank, wie es die Schleimhäute reizte und zu Hustenanfällen führte. Mal eben lüften konnten wir kaum.

Zwei Feldbetten mit Seegrasmatratzen sowie Pferdedecken befanden sich im Raum, dazu ein schmaler Schrank, ein Küchentisch und vier harte Stühle. Blechgeschirr stand auf einem Regal. Das war es dann aber auch schon. Wir wähnten uns ärmer als die Kirchenmäuse. Das tat weh.

Unser Verlust wurde mir besonders vor Augen geführt, sobald ich das nachbarliche Zimmer unserer behinderten Vermieterin betrat. Dort lachte mich grotesk die heile Welt an. Dass es die noch wirklich und wahrhaftig gab! Luxus pur. Sprachlos stand ich davor, es sei denn, ich durfte mich auf die plüschbezogene Fußbank setzen. Im Raum fanden sich antike Möbel, grüne Polster, Spitzendeckchen aus Samt und Seide, kostbarer Nippes in Vitrinen. Mollig wärmte ein hoher Kachelofen den Raum. In der Mitte drehte sich ein Weihnachtsbaumständer mit einer Blautanne darin, an der bunte Vöglein und lustige Fliegenpilze hingen. «O du fröhliche, o du selige …», ertönte es dazu. Die Augen gingen mir über, mein Herz wurde schwer. Da prallten zwei Welten aufeinander. Denn als ich auch nur einen Schritt über die Schwelle tat, empfing mich die bitterste Armut meines elfjährigen Lebens.

Ich wollte weinen, aber selbst ein Taschentuch fehlte mir dazu. Das musste mir meine Freundin Helga leihen, die dicht bei uns wohnte. Aber dann schaute ich in die lieben traurigen Augen meiner Mutter, der Schwester und des Vaters. Wir alle hatten die Luftangriffe hier wie dort überlebt, allein diese Feststellung genügte, nicht wahr? Das verstand ich auch schon in meinen jungen Jahren.

Irgendwie formte uns der verdammte Krieg, wir mussten früh erwachsen sein.

Müde flackerte an diesem Abend ein Hindenburglicht bei uns auf dem nackten Tisch vor sich hin. Schmucklos lag ein Tannenzweig neben einer brennenden Kerze. Auch das Essen fiel ziemlich karg aus. Unser guter Vater hatte aus Braunschweig sein Kommissbrot, etwas Butter und Marmelade mitgebracht. Eine Pilzsuppe und Bratäpfel stillten den unentwegten Hunger. Geschenke gab es keine, lediglich ein Paar Zopfspangen für meine Schwester und mich. Gesprochen wurde kaum; wir versuchten, einander zu wärmen, um uns nahe zu sein. Vater wie Mutter versprachen, dass aus unserem zerbombten Elternhaus irgendwann neues Leben erwachsen würde. Über uns erklang Klaviermusik: «Ihr Kinderlein, kommet». Der dreijährige Enkel des Ehepaares über uns wurde beschert.

In diesem Moment brach es aus mir heraus. Ich sprang auf und schrie hemmungslos: «Meine Freunde, warum mussten sie so früh sterben? Konnte oder wollte sie der Herrgott nicht behüten? Sie waren doch erst zwei und fünf Jahre alt!»

Mein Vater erfasste die Situation sofort. Liebevoll nahm er mich in den Arm, und bis heute höre ich seine verständnisvollen Worte: «Versteh, mein Mädchen, der Himmel will auch seine Kinderengel haben, nicht nur die uralten. Vielleicht sind sie ja jetzt deine Schutzengelchen geworden.»

Mit dem Gedanken gab ich mich dann auch schnell zufrieden. Nicht begreifen wollte ich allerdings, dass mein guter Vater bereits morgen wieder an die Heimatfront zurückmusste. Würde ich ihn je wiedersehen? Es waren bereits zwei meiner blutjungen Cousins gefallen, und ein dritter verstarb 1945. Sie kehrten alle nicht heim.

Heiliger Abend 1944, fernab der Krippe von Bethlehem. Ein absoluter Tatsachenbericht. Heiliger Abend 2020, ich möchte mich mit der Vergangenheit versöhnen. Endgültig. In diesem Sinne uns allen eine gesegnete Weihnacht.

Vergeben, nicht Vergessen
prägt die Vergangenheit –
verloren, einst besessen
in einer schweren Zeit.
Der Kindheit Träume schwanden,
bevor sie recht geträumt –
als sie sich wiederfanden,
war's Kindsein schon versäumt.
Vergebung trägt den Samen,
den mir der Wind verweht,
der zwischen vielen Namen
und über Gräbern steht.

WEIHNACHTEN 1914 – EIN KURZER LICHTBLICK

Holger Wittschen

Meine Zeit war eigentlich längst abgelaufen. Dass ich noch lebte, hatte ich im Grunde genommen einigen glücklichen Zufällen zu verdanken. Ein Stolpern zur rechten Zeit über eine Baumwurzel, als ein Scharfschütze mich im Visier hatte, oder dass ein Kamerad sich auf mich stürzte, als ein Schrapnell unerwartet in der Nähe einschlug. Wenn ich mich so umguckte, waren hier die meisten bereits tot, noch bevor sie überhaupt mit dem Zug hier angekommen waren. Junge Rekruten, «Frischfleisch», wie wir sie nannten, die bei der ersten Mörserexplosion nach ihrer Mutter riefen und wie eine Schar Ameisen wild durcheinanderliefen. Eigentlich war man schon in dem Moment tot, als man sich mit «Hurra-Rufen» auf den Kaiser freiwillig gemeldet hatte; als man noch nicht wusste, auf was für ein Abenteuer man sich hier eingelassen hatte.

Die Stimmung, die damals im Land herrschte, war eine seltsame Mischung aus einem schlichten Patriotismus, einer romantischen Kreuzzugseuphorie und der naiven Erwartung, dass der Krieg auf die eine oder andere Weise all jene Probleme lösen werde, die sich in den Friedensjahren aufgestapelt hatten. Die Kriegserklärung löste einen Erregungsrausch aus, der das ganze Land erfasste. Den Jungen versprach sie eine anregende Abwechslung von der langweiligen Alltagsroutine. Hatte ich nicht selbst als frischgebackener Leutnant ausgerufen: «Krieg ist wie Weihnachten!» Die Realität sollte mich eines anderen belehren.

Ich lag in meinem Unterstand an der Westfront auf dem hart gefrorenen Boden und beobachtete, wie eine Ratte sich an meinem Brotbeutel zu schaffen machte. Ich war nicht mehr in der Lage, meinen Klappspaten zu nehmen und sie zu erschlagen. (Ratten waren hier eine große Plage.) Zu erschöpft war ich. Der gestrige Angriff hatte all meine Kraft gefordert, und wenn ein Kamerad mich nicht aus dem Granattrichter herausgezogen hätte, würde ich da vermutlich noch immer liegen und wie viele andere vor mich hin modern.

Die ganze Nacht hatte ich in vorderster Stellung gelegen. Es war entsetzlich. Der ganze Himmel war ein unaufhörliches Zucken und Leuchten. Die Luft erfüllt vom Krachen und Donnern der Abschüsse, vom Platzen berstender Granaten, vom Heulen und Pfeifen der Geschosse, die hin und her flogen. Unbeschreiblich der Zustand der Kompanie von verfrorenen, todmüden Männern.

Heute hatten sie uns in Ruhe gelassen. Der Tommy hatte nur vereinzelt ein paar Granaten zu anderen Frontabschnitten «rübergeschickt». Sonst war alles ruhig. Die Offiziere hatten versucht, uns Männern Mut zu machen, dass der Krieg sicher bald gewonnen sei, und hatten etwas Schnaps ausgeschenkt, um die Stimmung zu heben, denn sie wussten, heute war nicht irgendein Tag. Heute war der

24. Dezember 1914 – und Weihnachten hatte ich mir noch vor ein paar Monaten irgendwie heldenhafter vorgestellt.

Aber heute war ein Tag, der in die Geschichte eingehen sollte und der mich dazu brachte, doch noch die letzten Reserven in mir zu mobilisieren – so wunderbar war das, was geschehen sollte. Später, im Laufe des Krieges, wurde diese Begebenheit erst verschwiegen, um dann viele Jahre nach Beendigung des Ersten Weltkrieges in den Geschichtsbüchern als Widerspruch zur Situation zu erscheinen und den Krieg als noch sinnloser, als er überhaupt schon war, dastehen zu lassen.

Wahrscheinlich ist es aus heutiger Sicht nicht mehr zu klären, wer angefangen hatte: die Engländer oder wir. Jedenfalls trafen sich gegen Mittag eine kleine Delegation von elf englischen und elf deutschen Soldaten in Begleitung ihrer Offiziere, nur mit einem weißen Tuch bewaffnet, auf dem offenen Schlachtfeld.

Ich war einer von ihnen. Major Müller, der aus meinem Dorf stammte, hatte mich als guten und fairen Sportsmann ausgewählt.

Es wurde eine Waffenruhe für diesen Abschnitt für drei Stunden angesetzt. Ein Sergeant der Engländer hatte einen Fußball unter seinem Arm geklemmt und eine Trillerpfeife im Mund (diese dienten hüben wie drüben ebenfalls dazu, den Beginn eines Angriffs anzukündigen. Noch Jahre danach bekam ich Bauchschmerzen, wenn ich eine Trillerpfeife hörte).

Major Müller sprach ein ausgezeichnetes Englisch (was damals nicht unbedingt selbstverständlich war), und es wurden noch einmal die wichtigsten Grundregeln besprochen. Man einigte sich auf zweimal dreißig Minuten

Spielzeit. Da man sich auf keinen Schiedsrichter einigen konnte, beschloss man einfach, fair zu spielen. In dem gesamten Spiel gab es keine Situation, die als Foul hätte gewertet werden können.

Die Leute kamen aus ihren Löchern herausgekrochen, und es wurden mehr und mehr, die ihre Mannschaft anfeuerten.

Als die Engländer das 2:2 schossen, applaudierten aus Respekt sogar einige Deutsche.

In der Halbzeit zeigte mir ein junger Unteroffizier das Foto seiner Verlobten. Er sagte, dass er nach dem Krieg mit ihr nach Kanada auswandern wollte, um dort eine Farm zu kaufen. Ich sagte ihm, dass ich eine Familie gründen und den Hof meines Vaters übernehmen würde.

Als das Spiel zu Ende war, stand es 3:4 für uns. Ich winkte dem jungen Unteroffizier noch einmal zu, als wir uns trennten und jeder in seiner Stellung verschwand. Für die frühen Morgenstunden war der nächste Angriff bereits geplant.

Ich habe ihn nie wieder gesehen und hoffe noch heute, dass er den verdammten Krieg überlebt und es bis Kanada geschafft hat.

Das war Heiligabend 1914 – ein kurzer Lichtblick während einer vier Jahre andauernden menschlichen Tragödie.

HANS ..., DAMALS ...

Joachim Frank

Hans», sage ich, «Hans!», und dabei umfasse ich seine Hand so innig, wie man die Hand eines lieben Menschen nur umfassen kann. Ich bin völlig überrascht, geradezu überwältigt, Hans hier zu treffen, ja, ihn überhaupt noch einmal in meinem Leben wiederzusehen.

Ein bisschen kühl ist seine Hand, und die Knochen wirken zerbrechlich, aber sein Händedruck hat immer noch Festigkeit. Und während ich noch ganz verwirrt in seine klaren stahlblauen Augen schaue, die mich aus tiefen Augenhöhlen unter der vollen, schlohweißen Haarpracht mustern, weiß ich sofort, dass Hans mich nicht vergessen hat.

«Setz dich!», sagt Hans mit einer Stimme, die noch immer keinen Widerspruch zulässt.

Das letzte Mal hatte ich ihn vor mindestens zwanzig Jahren gesehen, als er sein Amt als Jugendtrainer des Traditionsvereins in die Hände eines Jüngeren gelegt hatte. Damals musste er bereits um die siebzig Jahre alt gewesen sein, und ich mit meinem jugendlichen Temperament und mit meiner Naivität war richtiggehend erleichtert gewesen, «den Alten», wie wir Hans hinter seinem Rücken nannten, endlich los zu sein und durch einen modernen Trainer ersetzt zu wissen.

Jetzt also, auf der diesjährigen Weihnachtsfeier unseres Vereins sitzt da plötzlich Hans, ein bisschen verloren inmitten üppiger Dekorationen und festlich geschmückter Tafeln, umschwirrt von emsigem Personal und modisch gekleideten Klubmitgliedern, von denen ihn nur noch wir alten Hasen kennen. Ich muss an Hans' Abschied damals denken, an seinen letzten flammenden Appell, mit dem er nochmals nachdrücklich, geradezu vehement Tugenden anmahnte, die wir für längst überholt hielten. Seitdem hatte ich ihn nie mehr gesehen, denn zu keinem unserer Spiele war er je gekommen und auch zu keiner Jahreshauptversammlung oder Weihnachtsfeier. Und so war die Erinnerung an ihn allmählich verblasst, zu Anekdoten geronnen, wenn wir Spieler der «Alten Herren» uns beim Bier an frühere Zeiten erinnerten.

Und wie aus dem Nichts sitzt da dieser längst – längst! – tot geglaubte Mensch leibhaftig vor mir, und weil mir so gar nichts Sinnvolles einfallen will und ich ja auch nicht sagen kann: «Dass du noch lebst ...», stammle ich immer noch ganz durcheinander: «Mensch, Hans ... Wie geht's dir denn?»

Hans hält immer noch meine Hand in seiner und sagt: «Warst 'n Guter – aber 'n Querkopf. Genauso wie der da ...», und dabei deutet er mit einem leichten Lächeln auf Holger, meinen ewigen Rivalen damals auf der Königsposition, hinten links. In diesen Sekunden zieht mein ganzes Handballerleben an mir vorbei. Aber weil mir immer noch nichts Passendes einfallen will, frage ich Hans verlegen:

«Kann ich dir irgendetwas holen?»

«Setz dich einen Augenblick.» Er geht gar nicht auf meinen Unsinn ein und mustert mich mit seinen unglaublichen eisblauen Augen, vor denen ich sofort wieder zu seinem Schüler geworden bin.

«Siehst gut aus», befindet er. «Hast du Familie, Kinder?»

Knapp skizziere ich meine Situation.

«Gut so», sagt Hans.

Hans hat diese Weihnachtsfeier früh verlassen, was man bei seinem Alter ja nur zu gut verstehen kann, aber natürlich bleibt er *das* Gesprächsthema des Abends. Ganz automatisch kommen wir auf die Weihnachtsfeiern von früher zu sprechen.

An die primitive Sporthalle mit dem Fußboden aus Stein war ein karger Raum angeschlossen, in dem Besprechungen abgehalten wurden. Zu Weihnachten dekorierte Hans ihn mit ein wenig Tannengrün und ein paar Kerzen. In der Mitte stand ein großer Topf mit dampfendem Kakao, umgeben von Plattenkuchen und Puffer. Und jeder von uns Jungen bekam einen Beutel mit Äpfeln, Mandarinen und ein paar Süßigkeiten. Für uns war das damals schon etwas Besonderes. Doch bevor wir uns über die Leckereien hermachen durften, musste zu unserem Leidwesen gesungen werden. Drei oder vier Lieder. Vorsorglich hatte Hans überall Zettel mit den Texten ausgelegt, und wehe, wenn wir nicht laut genug sangen, dann wurde gnadenlos wiederholt, bis er zufrieden war. Ja, und schließlich las er uns auch immer noch eine Geschichte vor. Komischerweise jedes Jahr die gleiche, was ich natürlich entsetzlich langweilig fand, aber das mussten wir über uns ergehen lassen, wenn bereits der Duft von Kakao und Kuchen unwiderstehlich in die Nasen stieg.

Diese Geschichte handelte von einem Seemann, der durch die Wirren des Krieges seine Familie verloren hatte und wohl deshalb zur See fuhr, weil er nirgends ein Zuhause hatte. Dem war es egal, auch zu Weihnachten über die Meere zu fahren. Und statt unter einem Tannenbaum zu sitzen, hörte der am Heiligen Abend bloß Radio. Da gab es nämlich eine Sendung, die hieß *Gruß an Bord* und war speziell für Seeleute, die zu Weihnachten fern der Heimat waren. Und ganz plötzlich und obwohl das doch eigentlich gar nicht möglich war, riss diesen Seemann in dem Moment eine halb verrauschte Stimme aus seiner Einsamkeit, weil sie seinen Namen nannte und ihn von einer Schwester suchen und ganz, ganz herzlich grüßen ließ, wenn er sie denn nur hören könnte.

An dieser Stelle der Geschichte bekam Hans jedes Mal feuchte Augen, während wir uns ein Grinsen kaum noch verkneifen konnten – so jung waren wir damals. Nur mit Mühe konnte er die Geschichte zu Ende lesen, weil ihm die Stimme zu versagen drohte, während wir nur sehnsüchtig nach Kakao und Kuchen gierten.

Holger und ich erinnern uns mit Lachen und Wehmut an diese Weihnachtsfeiern. Beiläufig frage ich in die Runde:

«Mir ist nie klar geworden, warum Hans uns immer die gleiche Geschichte vorgelesen hat. Da hätte es doch so viele andere gegeben ...»

Holger guckt mich verdutzt an und zögert noch einen Moment, bevor er antwortet: «Ja, weißt du denn nicht ..., dass das *seine* Geschichte ist?»

DER MAKRONEN-ENGEL

Ingrid-Maria Schäfer

Unsere Familie besaß einen eigenen Schutzengel. Er wurde Huschel genannt, weil wir seinen richtigen Namen nicht kannten und weil wir immer einen scharfen Luftzug spürten, wenn er unsichtbar an uns vorbeihuschte.

Der Schutzengel gehörte Tante Luisa. Sie hatte ihn mitgebracht, als sie vor langer Zeit in die Dachwohnung unseres Hauses gezogen war. Huschel war unserer Familie schon seit Generationen verbunden: Tante Luisa hatte ihn als Teenager von ihrer Großmutter «geerbt», und diese wiederum hatte ihn von einer Großtante übernommen. Dann verlor sich die Spur, weil sich der Stammbaum nicht weiter zurückverfolgen ließ.

Als Schutzengel war Huschel ausschließlich für das Gelingen der Weihnachtsbäckerei verantwortlich. Für Gebäck außerhalb der Advents- und Weihnachtszeit fühlte er sich nicht zuständig. Seine besondere Neigung – das war deutlich zu erkennen – galt den Makronen, und hier verstand er absolut keinen Spaß. Wenn bei den Nussmakronen die zierende Haselnuss nicht haargenau mittig saß oder die Masse nicht gleichförmig auf die stützenden

Oblaten verteilt wurde, konnte er mit seinen unsichtbaren Flügeln so empört flattern, dass der Mehlstaub in wilden Wölkchen bis unter die Zimmerdecke wirbelte.

Auch hing seine Tätigkeit irgendwie mit dem uralten Rezeptbuch zusammen, das in Tante Luisas Besitz war. Dem Äußeren nach musste es schon mit der Arche Noah transportiert worden sein. Sein Inneres sah nicht viel besser aus: altertümliche, schnörkelige Buchstaben in einer Tinte, die schon so verblasst war, dass sie grünlich schimmerte und stellenweise ganz verschwand. Die Rezepte waren jedoch erstaunlich anspruchsvoll und wurden von Tante Luisa strikt eingehalten, denn selbst die geringsten Abweichungen wurden von Huschel nicht akzeptiert.

Der Einzige, der nicht an Huschel glaubte und seine Anwesenheit in keiner Weise wahrnehmen wollte, war Vater. Vielleicht war es aber auch nur Neid, denn unser Vater war Bäckermeister und konnte es natürlich nicht mit seiner Ehre vereinbaren, dass ein Schutzengel ihn bei der Weihnachtsbäckerei um Längen schlug.

Wenn Vater einen boshaften Tag hatte, gab er Huschel die Schuld daran, dass Tante Luisa unverheiratet geblieben war. Kein Mann mit Verstand sei bereit, in seiner Ehe einen unsichtbaren Dritten zu akzeptieren, der bei Tag und bei Nacht (!) unkontrolliert um die Gattin herumhuschte.

«Und jetzt ...», sagte er immer – und an dieser Stelle hob er stets höhnisch den Zeigefinger –, «jetzt ist sie eine alte Jungfer, die ihre Rente mit einem Makronenengel durchbringen muss.»

Aus einem geheimen Fotoalbum wussten wir aber, dass es etliche risikofreudige junge Männer gegeben hatte, die sich bei Tante Luisa um Herz, Hand und Huschel beworben hatten. Dass es zu keiner Einigung gekommen war, lag bestimmt nicht an Huschel, sondern eher an dem ausgeprägten Freiheitsdrang seiner Besitzerin.

Unsere Mutter beneidete Huschel gelegentlich um seinen Job. Nur zur Advents- und Weihnachtszeit arbeiten zu müssen und den Rest des Jahres frei zu haben – das hätte sie auch gerne gehabt. Dennoch war Huschel außerhalb seiner Saisonarbeit überaus wachsam. Einmal – es war mitten im Sommer – erstand Mutter auf dem Flohmarkt ein *Handbuch für die Weihnachtsbäckerei*. Als sie daheim in ihrem Lieblingssessel darin schmökerte, spürte sie plötzlich den bekannten Luftzug in ihrem Nacken. Huschel war – völlig außerhalb seiner Saison – herbeigeeilt und las mit, aber die Rezepte schienen nicht auf seinem Niveau zu liegen, denn ab und zu sorgte er mit einem heftigen Flügelschlag dafür, dass mehrere Seiten auf einmal umblätterten.

Eigentlich bekommen Schutzengel kein Honorar. Der gewiefte Huschel aber hatte es in versunkenen Zeiten irgendwie fertiggebracht, mit seinem ersten Besitzer eine Vereinbarung zu treffen. Seine Entlohnung bestand aus den drei schönsten Plätzchen von jedem Backblech. Diese Wahl war nicht leicht zu treffen, denn unter Huschels Protektorat wurden *alle* Plätzchen schön, aber wir gaben uns Mühe. Sein Honorar wurde dann auf einem besonders kostbaren Meißener Teller dekoriert – es war immer derselbe Teller –, der über Nacht auf dem Tisch blieb und am Morgen leer war.

Vater hatte über das Verschwinden der Plätzchen natürlich seine eigene Theorie, aber nicht einmal er hätte es gewagt, eine frevelnde Hand an dieses nahezu heilige Gebäck zu legen.

Onkel Hermann hingegen kannte solche Skrupel nicht. Nachdem ihn seine Frau hinausgeworfen hatte – dies war ihr schönstes Weihnachtsgeschenk an sich selbst –, wohnte er ein paar Tage bei uns und stieß nachts bei seiner Rückkehr vom Klo auf Huschels Honorar-Teller. Er aß ihn leer und amüsierte sich dabei über unseren Aberglauben. Aber seine Erheiterung hielt nicht lange an. Huschel rächte sich für dieses Sakrileg und ließ die Plätzchen so explosive innere Turbulenzen in seinem Bauch verursachen, dass Onkel Hermann glaubte, seinen Urnendeckel klappern zu hören. Er musste zwei Tage im Krankenhaus verbringen und weigerte sich, uns jemals wieder zu besuchen. Daraufhin gab es in unserer Küche kleine, merkwürdige Veränderungen: feine Mehlspuren, Nusskrümel und Honigkleckse. Huschel schien wild zu feiern, dass er den Frevler an der Ewigkeit hatte schnuppern lassen.

Als wir Kinder größer wurden und mit den Nachbarsfamilien in engeren Kontakt kamen, mussten wir zu unserer Verblüffung feststellen, dass sonst niemand einen Schutzengel besaß. Wir waren mit Huschel so selbstverständlich aufgewachsen, dass wir davon ausgingen, dass jede Familie mit solch einem Anhängsel gesegnet war.

Natürlich glaubte uns niemand. Jedenfalls zunächst nicht.

Aber in der Adventszeit, als bei Tante Luisa die ersten Bleche in den Ofen geschoben werden sollten, schauten doch einige neugierige Spielgefährten bei uns herein. Mit einer Mischung aus Faszination und Gruseln nahmen sie den scharfen Luftzug zur Kenntnis, mit dem Huschel die Bleche emsig umrundete, und starrten mit aufgerissenen Augen auf die Makronen, die von unsichtbarer Hand geordnet und korrigiert wurden, wenn es nötig war. Endgültig überzeugt waren sie aber, als das Ergebnis mit seinem überirdischen Duft in unsere Nasen stieg. Ein Traum von Gebäck, das auf der Zunge zerschmolz ...

Durch diese Besuche kamen natürlich Gerüchte in Gang, und wie das mit Gerüchten so ist – je weiter sie sich verbreiten, desto grotesker werden sie. Als Vater in seiner Bäckerei von einigen Kunden mit diesen Gerüchten konfrontiert wurde, hatte sich unser Huschel in den Geschichten bereits zu einem riesigen Heer von Engeln vervielfältigt, die in Tante Luisas Mansarde üblen Schabernack trieben, den Ofen mit dem Flammenschwert entzündeten und arglose Kinder mit verhexten Nussmakronen traumatisierten.

Für jemanden, der nicht an Huschel glaubte, wurde Vater erstaunlich wütend. Um ein Haar hätte er unseren harmlosen Teilzeit-Engel gegen diese üble Nachrede verteidigt, aber er bekam sich noch rechtzeitig in den Griff und begegnete den Verleumdungen souverän mit dem Hinweis, dass es keine überirdischen Bäckergehilfen gäbe – sonst hätte *er* schon lange welche angestellt ...

Da Vater als kluger und nüchterner Geschäftsmann galt, ließ sein Dementi die Gerüchte verebben, aber wir wussten nur zu gut, dass wir heimlich heiß beneidet wurden.

Einige Jahre später in der Schule wurde ich von Huschels Existenz erneut in Schwierigkeiten gebracht. Meinen Aufsatz zum Thema «Ein schönes Adventserlebnis» fand ich besonders gelungen, hatte ich doch in farbigen Bildern geschildert, wie wir Geschwister einst in kindlichem Übermut die Nussmakronen auf dem Blech hin und her geschoben und die zierenden Nüsse immer wieder falsch platziert hatten. Huschel, der solche boshaften Schludrigkeiten nicht gewohnt war, geriet völlig aus dem Häuschen und flatterte sich die Flügel wund, sodass die Nusskrümel bis auf die Lampe flogen und sich Tante Luisas Küche nahezu in ein Schlachtfeld verwandelte.

Fräulein Hutzkemper, ein ältliches und völlig humorloses Wesen, beurteilte meinen Aufsatz jedoch ganz anders: Ungenügend – Thema verfehlt.

«Du solltest ein wahres Erlebnis schildern und kein Märchen schreiben!», rügte sie streng.

Ich machte den Fehler, ihr zu widersprechen, worauf ich – als Lügnerin eingestuft – endgültig in Ungnade fiel. Meine wütenden Tränen brachten daheim die ganze Familie aus der Fassung. Selbst Huschel zeigte Anteilnahme und fächelte mir sanft über die nassen Wangen.

Noch am selben Nachmittag hatte Tante Luisa mit Fräulein Hutzkemper ein Gespräch unter vier Augen. Der genaue Inhalt jenes Disputs ist nie bekannt geworden, aber Fräulein Hutzkemper kam einige Tage nicht zum Unterricht. Es hieß, sie sei in psychiatrischer Behandlung. Und als sie wiederkam, wurde sie immer öfter von einer Cognac-Fahne umweht, die es ihr wohl leichter machte, meinen Aufsatz neu und überaus positiv zu bewerten.

Daheim hob Vater wieder einmal mahnend den Finger.

«Da seht ihr, wohin es einen bringen kann, wenn man eine kauzige Tante mit ihrem hirngespinstigen geflügelten Lebensgefährten unter dem Dach hausen hat. Nichts als Ärger und Schwierigkeiten ... Sollte sie ihn euch jemals vererben wollen, dann wisst ihr hoffentlich, was ihr zu tun habt!»

Dabei sah er mich ganz besonders scharf an, weil er

genau wusste, dass ich Tante Luisas Liebling war – und damit auch Huschels.

Ich behielt meine Gedanken für mich, weil ich Vater nicht beunruhigen wollte. Selbstverständlich würde ich Huschel nehmen, falls Tante Luisa ihn mir jemals anbieten sollte (womit ich aber ganz fest rechnete). Nichts würde ich lieber übernehmen als Huschel, seine Marotten, sein Honorar und sein prähistorisches Rezeptbuch.

Eine schönere Besonderheit konnte einem das Leben doch gar nicht bieten ...

DIE EISENBAHN

Dietmar Thiel

Wenn das Weihnachtsfest vor der Türe steht, muss ich immer an Weihnachten 1954 denken, und Erinnerungen, die schon lange in den «Papierkorb» meines Gehirns verschoben wurden, nehmen wieder Gestalt an.

Wer wie ich im selben Jahr wie die Bundesrepublik Deutschland aus der Taufe gehoben wurde, weiß von den Umständen in den ersten zehn bis fünfzehn Nachkriegsjahren eingehend zu berichten, denen Familien mit einem Spätheimkehrer als Vater ausgesetzt waren.

Wir besaßen nur sehr begrenzte finanzielle Mittel, die mein Papa samstags in einer viel zu dünnen Lohntüte meiner Mutter überließ.

Und nun lag ich auch noch täglich meinen Eltern mit der Bitte «Ich wünsche mir vom Christkind eine Eisenbahn» in den Ohren.

Wir wohnten in einem kleinen Haus in einem Dreihundert-Seelen-Dorf im Westerwald. Im selben Haus lebten meine Großeltern und die beiden jüngsten Geschwister meiner Mutter.

Unsere Wohnung? Wir lebten zu dritt auf knapp dreißig Quadratmetern! Eine Enge, die einem Kind nur wenig

Raum zum Spielen ließ. Aber ich war zufrieden. Bis – ja, bis auf die Eisenbahn!

Ich hatte im Herbst Scharlach bekommen und durfte wegen der strengen Quarantäneauflagen das Zimmer sechs Wochen lang nicht verlassen. Nun aber waren die Symptome der damals noch sehr bedrohlichen Kinderkrankheit abgeklungen und fast vergessen.

Noch heute bescheinigt mir meine Mutter, dass ich ein sehr geduldiger Patient gewesen sei, der alle Therapien gut gelaunt über sich ergehen ließ. Eine Zusage meiner Eltern, in Sachen Eisenbahn mit dem Weihnachtsmann zu sprechen, war wohl der Grund für die mit Gleichmut ertragenen Entbehrungen.

Es wurde kalt, und es schneite in den Tagen vor Weihnachten. Und obwohl ich am Schlittenfahren und Schneemannbauen viel Spaß hatte, freute ich mich noch mehr auf den Weihnachtsmorgen, denn das Christkind kam bei uns immer in der Nacht zum ersten Weihnachtstag.

Am Heiligen Abend wollte ich vor Aufregung kaum einschlafen: Morgen ist es so weit, morgen, morgen …

Ich erwachte schon früh und konnte mich kaum zügeln. War ich artig genug gewesen?

Durch den Türspalt konnte ich rote Wachskerzen sehen, die neben ein paar silbernen Kugeln und Lametta ein kleines Tannenbäumchen schmückten. Mein Vater saß, die Beine gekreuzt, unter dem Tisch mit einer schwarzen Lok mit Kohlentender, die schwer an vier bunten Eisenbahnwagen zog.

Mein Herz sprang und hüpfte. Das Christkind hatte mir meinen Wunsch erfüllt! Endlich, endlich hatte ich eine Eisenbahn, mit der ich spielen konnte und von der ich in der

Langeweile der Quarantäne mehr als nur einmal geträumt hatte.

Mit einem Schwung öffnete ich die Küchentür, lief herein und verschlang mein Frühstück in Weltrekordzeit. Und dann saß endlich ich unter dem Küchentisch und ließ mich von den Wagen meiner neuen Eisenbahn umrunden.

Es war bis kurz vor Mittag das schönste Weihnachtsfest meines Lebens.

Wie gesagt, bis kurz vor Mittag!

Meine Eltern waren mit einem jungen Ehepaar aus der Nachbarschaft befreundet, und so besuchte uns Frieda, so hieß die junge Mutter einer kleinen Tochter, noch vor dem Mittagessen an diesem ersten Feiertag. Frieda, sie möge mir im Himmel verzeihen, hatte eine enorme Sehschwäche, und zwar auf beiden Augen. Ihre Brillengläser waren so dick, dass man ihre Augen dahinter nur verschwommen wahrnahm und sich die Pupillen wie zwei große schwarze Löcher daraus hervorhoben.

Die Eisenbahntrasse hatte sich unter Mithilfe meines Vaters vergrößert und führte inzwischen vom Küchentisch an einem Stuhl vorbei und schlug dann wieder den kürzesten Weg zum Bahnhof unter dem Tisch ein.

Frieda trat laut «Frohe Weihnachten» wünschend als Erste in die Küche und dann geradewegs auf die Schienen meines Weihnachtsgeschenkes, die unter dieser enormen Belastung knirschend ihre ursprüngliche Form in Höhe und Breite verloren. Die kleine Lok hat ab diesem Zeitpunkt keine Runde mehr gedreht, weil sie an der Stelle, an der die Gleise platt getreten waren, immer wieder entgleiste.

Ich habe keine andere Eisenbahn bekommen und mir auch nie mehr eine neue gewünscht.

Heute, als Großvater, würde ich mit meinen Enkeln bestimmt wieder Eisenbahn spielen, doch ihre Wunschlisten gehen von Dinosauriern über Tipp-Kick-Spiele bis hin zu ferngelenkten Lkws und Spielkonsolen. Aber Eisenbahn? Weit gefehlt!

Eigentlich schade, denn mit den heutigen technischen Möglichkeiten – wie Videokameras für Frühwarnsysteme – könnte man einen Anschlag auf den Bahnkörper wie den von Weihnachten 1954 bestimmt verhindern.

EINMAL DIE MARIA SEIN …

Gudrun Schmidt

Endlich! Die Schulglocke läutete die letzte Stunde vor dem Wochenende ein. Für uns Achtklässler hieß das: Konfirmandenunterricht bei unserem beliebten Gemeindepfarrer Dobrucki. Fast alle Schüler unserer Klassengemeinschaft sollten im kommenden Frühjahr konfirmiert werden.

In unserer Gegend, in Ostthüringen, waren fast alle Bewohner evangelisch. Die wenigen Katholiken in unserer Klasse waren nach Kriegsende als Flüchtlingskinder ins Dorf gekommen, sie durften nach der fünften Stunde nach Hause gehen. Heimlich beneideten wir sie ein wenig, obwohl wir über den Unterricht bei unserem Pfarrer eigentlich nicht klagen konnten. Seine Ausführungen waren lebensnah, und wir spürten, dass er uns wohlgesinnt war, dass er Verständnis für uns aufbrachte. An diesem Tag kurz vor den Ferien freute ich mich regelrecht auf die Stunde bei ihm.

Der Adventskranz auf dem Lehrertisch und die vor den Fenstern des Klassenzimmers tanzenden Schneeflocken ließen keinen Zweifel: Weihnachten rückte näher. Und heute sollten die Rollen für das weihnachtliche Krippenspiel verteilt werden, das jedes Jahr zu Heiligabend aufgeführt wurde.

Für mich sollte dabei ein langjähriger Traum in Erfüllung gehen: Ich würde endlich die Maria verkörpern dürfen! Davon war ich felsenfest überzeugt.

Vielleicht klingt es heute seltsam, dass eine Vierzehnjährige überhaupt noch an einem Krippenspiel teilnehmen wollte, ja, dass diese Vierzehnjährige sich eine bestimmte Rolle regelrecht herbeisehnte! Heutzutage, wo Krippenspiele, eingebaut in die weihnachtlichen Gottesdienste, vorwiegend von Vor- und Grundschulkindern aufgeführt werden, kann sich das sicher kaum noch jemand vorstellen. Doch es war eben eine ganz andere Zeit damals, während der Kriegs- und Nachkriegszeit, in einem Dorf, das zwar sowohl eine voll ausgebaute Schule als auch die erforderlichen Lebensmittelgeschäfte hatte, in dem an all die Ablenkungen, die das Leben der Jugendlichen heutzutage so abwechslungsreich machen – Fernsehen, Computer, Smartphone, Discos –, aber noch gar nicht zu denken war! Es hatten ja noch nicht einmal alle Haushalte einen Radioapparat oder ein Telefon. Busverbindungen gab es weder in die Kreisstadt noch in die umliegenden Dörfer, deren Kinder – natürlich zu Fuß – in unsere Mittelpunktschule kamen.

Die einzigen drei Autos im Dorf gehörten dem Arzt, der Hebamme – und dem Viehhändler. Im Sommer arbeiteten die meisten Bewohner auf den Feldern oder in ihren Gärten. Das Beschaffen von Lebensmitteln war überlebenswichtig, und auch wir Kinder mussten fleißig mithelfen.

Im Winter konnte das Leben recht langweilig sein.

Umso größer waren dann Erwartungen und Freude auf das bevorstehende Weihnachtsfest.

Uns war natürlich klar, dass wir nicht mit großen Geschenken rechnen konnten. Woher auch? Die Mütter – die meisten Väter waren noch im Krieg oder später in Gefangenschaft – gaben sich trotzdem Mühe, das Fest zu etwas Besonderem zu machen, zum Beispiel durch ein festliches Essen und einen liebevoll geschmückten Weihnachtsbaum mit einigen heimeligen Kerzen.

Und so wurde für die meisten Kinder im Dorf, auch für mich, das Krippenspiel am späten Nachmittag des Heiligen Abends in unserer Kirche zum ersehnten Höhepunkt des Weihnachtsfestes. Denn Jahr für Jahr geschah dort etwas Überraschendes: Aus einem einfachen Dorfkind wurde etwas ganz Besonderes. Vielleicht ein Hirte oder ein König – ja, sogar ein Engel, wenn man Glück hatte!

Es war eine langjährige Tradition, dass jeder, der mitwirken wollte, sich an dem weihnachtlichen Krippenspiel beteiligen konnte. Und damit wirklich alle Interessierten auch eine Rolle bekamen, hatte sich unser Pfarrer etwas ausgedacht: Nicht nur die bekannten Krippenfiguren, sondern alle möglichen Charaktere, Märchenhelden, Tiere und andere Wesen durften zur Krippe kommen, um dort dem Christkind ein kleines Geschenk zu bringen und ihm vor allem ein Verslein aufzusagen! Schon in den Wochen vor Weihnachten wurden eifrig Kostüme zusammengesucht, kleine Verse gelernt, Proben absolviert. Schließlich wollte man sich vor dem Publikum so gut wie möglich präsentieren, nicht stolpern, nicht im Text hängen bleiben.

Und dann war es so weit: Der Heiligabend stand an. Klar, dass die Kirchenbänke dicht besetzt waren mit Müttern, Großeltern, Nachbarn, Bekannten. Auch sie liebten ja die besondere Atmosphäre der weihnachtlich geschmückten Kirche, genossen das Orgelspiel und den gemeinsamen Gesang der lieben alten Weihnachtslieder, bewunderten den geschmückten Tannenbaum – und sie erwarteten mit Spannung und ein wenig Stolz die Auftritte der Kinder!

Ich war wohl fünf Jahre alt, als ich zum ersten Mal mitspielen durfte. Als kleiner Engel mit einem weißen Nachthemd über der warmen Unterkleidung und mit den von den Eltern gebastelten Pappflügeln stand ich vor Stolz und Aufregung zitternd neben der Krippe. Ich erinnere mich auch deshalb so lebhaft daran, weil mein Vater damals zum letzten Mal während eines Krippenspiels die Orgel spielte. Im Jahr darauf war er schon eingezogen, im Krieg, wie es für uns Kinder hieß. Er war fort, und jemand anderes saß für ihn auf der Orgelbank.

Ich war nun Jahr für Jahr beim Krippenspiel dabei, wie die meisten meiner Mitspieler auch. Was trug ich nicht alles für verrückte Kostüme in dieser Zeit: Ich war Rotkäppchen, ein Zwerg, der Gestiefelte Kater und noch einiges mehr. Immer schrecklich aufgeregt vor jedem meiner Auftritte, immer glücklich und stolz, wenn alles geklappt hatte, wenn am Schluss die Zuschauer klatschten, uns nach der Aufführung lobten.

Ich habe jede meiner Rollen sehr gemocht, doch die großartigste Figur von allen war für mich immer die Maria. Mit ihrem Kind – einer Babypuppe – im Arm erschien sie mir als der absolute Mittelpunkt des ganzen Stücks. Und diese Maria und der dazugehörige Josef wurden stets von einer Schülerin und einem Schüler der letzten Klasse, der Konfirmandengruppe, dargestellt.

Bei meinem ersten Auftritt als kleiner Engel war eine Schülerin aus der damaligen Klasse meines Vaters die Maria. Ich kannte sie gut und mochte sie gern. Sie erschien mir bereits sehr erwachsen, ich betrachtete sie mit Ehrfurcht. Sie wiederum bemühte sich um mich, die kleine Tochter ihres Lehrers. Das gefiel mir natürlich. Vielleicht entstand damals mein Wunsch, später unbedingt auch einmal die Rolle der Maria zu verkörpern, wenn ich alt genug dafür wäre, und genauso zu strahlen wie sie.

Und nun war dieser Tag gekommen. Heute würde mir die Erfüllung dieses Traumes bevorstehen, da war ich mir sicher. Ich zweifelte nicht daran, dass der Pfarrer, der mich ja von klein auf kannte und wusste, dass ich meine Rolle Jahr für Jahr zu seiner Zufriedenheit ausgeführt hatte, mich für die Rolle der Maria vorschlagen würde. Auch mit der Zustimmung meiner Klassenkameraden konnte ich rechnen. Ich war eine gute Schülerin, galt aber nicht als Streberin oder Petze. Sie mochten mich, wählten mich jedes Jahr zur Klassensprecherin. Ich war mir meiner Sache also ziemlich sicher.

Nach einer kurzen Begrüßung begann der Pfarrer auch bald mit der Rollenverteilung. Nicht viele aus unserer Konfirmandengruppe wollten mitspielen. Wahrscheinlich fühlten sie sich zu alt und sahen sich inzwischen eher bei den Zuschauern. Aber das «traute Paar» musste unbedingt unter den Konfirmanden gefunden werden, das war nun einmal Tradition.

Ich wartete gespannt, was der Pfarrer sagen würde. Zuerst erfüllte sich mein zweiter, ganz geheimer Wunsch, den ich seit langer Zeit gehegt, aber nicht einmal meiner besten Freundin anvertraut hatte: Den Josef sollte Hannes spielen, mein heimlicher Schwarm. Hannes war ein Flüchtlingsjunge aus Schlesien. Infolge der Flucht hatte er ein Schuljahr versäumt, war also etwas älter als wir anderen. Er wirkte schon recht erwachsen, zumindest auf mich. Ich hoffte inständig, dass er nicht mitbekam, wie verschossen ich in ihn war.

Mir klopfte ordentlich das Herz, als ich mir vorstellte, dass ich nun häufiger in seiner Nähe sein würde. Dass ich ihm bei den Proben begegnen und schließlich sogar mit ihm als Mann und Frau, als Josef und Maria, vor der gesammelten Kirchengemeinde stehen würde.

Ich wurde jäh aus meinen Träumen gerissen, denn wir waren bei der nächsten Rolle angelangt, der Maria. Nun würde der Pfarrer meinen Namen sagen.

«Und die Maria», begann er, «sollte vielleicht die Lilo spielen.»

Ich glaubte, ich hörte nicht recht.

Die Lilo? Auch sie war ein Flüchtlingskind. Auch sie war ein Jahr älter als wir anderen. Auch sie wirkte schon ziemlich erwachsen. Sie war noch nicht lange bei uns, schien still und sehr zurückhaltend. Da sie in einem der Nachbardörfer wohnte, hatten wir außerhalb der Schule kaum Kontakt zu ihr. Mit drei älteren Schwestern sollte sie aus Ostpreußen gekommen sein, hatte ich gehört, ohne Eltern. Der Vater war wohl noch in russischer Gefangenschaft, die Mutter war offenbar gestorben.

Wenn ich einmal ehrlich zu mir selbst war, war Lilo eigentlich wirklich die geeignete Person für die Rolle einer erwachsenen Frau. Es ging eine gewisse Reife von ihr aus, die wir anderen Mädchen in der Klasse noch nicht hatten. Das spürten vielleicht auch die anderen.

Aber meine Rolle – meine heiß ersehnte Rolle ... Ich stand regelrecht unter Schock!

«Gudrun, was meinst du?», wandte sich der Pfarrer direkt an mich und riss mich aus meiner Starre. Ich konnte nicht antworten. Ich verstand, dass dies ein Appell an mich war, großzügig zu sein gegenüber einem Mädchen, für das diese Rolle sicher sehr viel bedeuten würde.

Aber wollte ich das? Ich brachte noch immer kein Wort heraus, konnte den gütigen Pfarrer nicht ansehen, musste die aufsteigenden Tränen vor ihm verbergen.

Ich merkte, wie es lebhaft wurde in der Klasse, von verschiedenen Seiten tönte es: «Nein, nicht Lilo, Gudrun soll die Maria spielen!»

Noch einmal sprach der Pfarrer mich direkt an: «Und du, Gudrun? Was meinst du?»

Ich brachte es nicht fertig, das Opfer zu bringen, das er offensichtlich von mir erwartete. Ich wusste, wie sehr ich ihn enttäuschen würde, wenn ich jetzt Nein sagte. Hin- und hergerissen zwischen meinen langjährigen Träumen, meiner Schwärmerei für Hannes und der Möglichkeit, mich großzügig zu zeigen, einer Mitschülerin ihr schweres Schicksal ein wenig aufzuhellen, versagte ich.

«Ich würde sehr gern die Maria spielen», flüsterte ich, mit einer Scham, die ich bis heute spüre.

Schließlich habe ich die Maria gespielt, mit Hannes an meiner Seite. Die große Freude, die ich mir von der Erfüllung meines langjährigen Traumes erhofft hatte, habe ich nicht gespürt. Bis heute bedrückt mich mein Verhalten in jener Zeit, auch wenn ich ein gewisses Verständnis für die Vierzehnjährige habe, die ich damals war.

Gern hätte ich Lilo um Verzeihung gebeten, doch sie

zog bald nach diesem Weihnachtsfest, an das ich noch immer sehr widersprüchliche Erinnerungen habe, «nach drüben», in den Westen, wie viele andere Flüchtlinge aus unserem Dorf auch.

Ich habe leider nie wieder von ihr gehört.

WEIHNACHTEN MIT MUSIK

Eine Weihnachtserinnerung aus den 1950er-Jahren

Wolfram Horn

Für uns Kinder gab es zwei besondere Höhepunkte im Jahr.

Der eine war die Zeit der Sommerferien. Das waren sechs Wochen der unbegrenzten Freiheit und des Abenteuers. Den anderen Jahreshöhepunkt bildete die Weihnachtszeit. Das waren die Tage der stilleren Töne, eine Zeit der geheimnisvollen Erwartung und Vorfreude.

So herrlich frei, abenteuerlich und ausgelassen unsere Sommerferien auch waren, so werden sie doch in meiner Erinnerung unscheinbar und blass gegen die von Heimeligkeit und stillem Zauber erfüllte Weihnachtszeit.

Trotz Geldmangel, der Ende der Fünfzigerjahre wohl in den meisten Familien herrschte, verstanden es meine Eltern, meine drei Brüder und mich mit den einfachsten Mitteln immer wieder zum Weihnachtsfest zu überraschen und zu erfreuen.

Allein das Vorbereiten auf Weihnachten war schon Freude und Spannung genug. Wenn es zu dämmern begann, kehrten wir Kinder schnell vom Spielen heim, um meiner Mutter beim Backen der Weihnachtskekse und dem Herstellen so manch anderer Leckerei zu helfen.

Ich kann mich nicht erinnern, dass es zu anderen Zeiten bei uns zu Hause so friedlich und einträchtig zuging wie in der Vorweihnachtszeit. Wir Jungen, die sonst jede Hausarbeit nur unter Protest und widerwillig erledigten, legten nun einen völlig untypischen Arbeitseifer an den Tag.

Wenn ich so zurückblicke, erscheint es mir auch so, als hätten wir Brüder dann harmonischer zusammengelebt und uns weniger gestritten als sonst.

Unter uns Brüdern begann in dieser Zeit immer ein großes Rätselraten um die zu erwartenden Geschenke, doch das war bei uns zu Hause ein streng gehütetes Familiengeheimnis. Wir konnten unsere Mutter mit unseren Fragen noch so quälen und löchern, was wir denn bekommen würden, niemals machte sie auch nur die kleinste Andeutung. «Das Wichtigste an der Bescherung ist die Überraschung», pflegte unsere Mutter stets und unerbittlich auf unsere Fragen zu antworten.

Allerdings verstand sie es, unsere Spannung und Vorfreude noch dadurch zu erhöhen, dass sie sich bei Gelegenheit jeden einzeln zur Seite nahm und ihm sagte, gerade er würde dieses Jahr «den Vogel abschießen» und würde das schönste Weihnachtsgeschenk von allen bekommen, nur solle er ja nichts den anderen davon sagen. Das taten wir dann auch tatsächlich nicht, aber ich denke mir heute, jeder von uns ahnte diesen kleinen liebenswerten Betrug.

Es war eine feste Tradition in unserer Familie, die Bescherung statt am Heiligen Abend erst am Morgen des ersten Weihnachtstages stattfinden zu lassen. Das stellte zwar in unserem kleinen Harzort ein einmaliges Kuriosum dar, aber unsere Mutter begründete diese Regel damit, dass das Jesuskind ja nicht am Heiligen Abend, sondern am ersten Weihnachtstag geboren sei. Heute wissen wir ja längst, dass über die Geburt Jesu keine korrekte Zeitangabe existiert, aber damals erschien uns diese Aussage als schlüssiges und unumstößliches Argument. Doch beneideten wir damals natürlich unsere Spielkameraden maßlos, wenn sie am frühen Abend zur Bescherung nach Hause liefen, während wir noch einen langen Abend und eine endlose, unruhige und schlaflose Nacht auf unsere Bescherung warten mussten.

Aber wenn man auch in gewissen Situationen glaubt, die Zeit würde stillstehen und niemals vergehen, so vergeht sie doch, und auch unser heiß ersehnter Weihnachtsmorgen war dann plötzlich da.

Wir Kinder waren natürlich längst vor unseren Eltern wach, durften aber auf keinen Fall vor halb sieben aufstehen. Obwohl wir sehr aufgeregt waren, unterhielten wir uns noch leise in unseren Betten, bis auch diese Zeit gekommen war.

Da in unserer Wohnung kein Badezimmer zur Verfügung stand, rannten wir runter in unsere Küche, um uns dort zu waschen und anzuziehen. Unsere Mutter bereitete in der Zwischenzeit das Frühstück vor, während unser Vater den Weihnachtsbaum schmückte und das Wohnzimmer herrichtete.

Nach dem Frühstück, von dem wir Kinder vor Aufregung sowieso nichts runterkriegten, verschwanden unsere Eltern gemeinsam ins Wohnzimmer. Nun mussten wir noch auf das Signal zur Bescherung warten. Das erfolgte stets so, dass unser Vater auf den Flur hinaustrat und mit einem kleinen Glöckchen läutete.

Endlich ertönte auch dieses Signal, und wir Jungs stürmten unter viel Gerangel und Geschubse los.

Das Wohnzimmer wie auch das Schlafzimmer lagen im ersten Stock des Hauses, während die Küche im Erdgeschoss war, und so mussten wir also das Treppenhaus sowie einen langen Flur überqueren, um an unser Ziel zu gelangen.

Wir hatten die Stube auch schon fast erreicht, da hörten wir plötzlich Geschrei.

Mein Vater riss erschrocken die Wohnzimmertür auf und schickte uns zurück, um nachzusehen, was mit unserem Bruder Bodo los war, der offensichtlich in unserer kleinen Mannschaft fehlte. Absolut nicht glücklich über diese höchst ärgerliche Verzögerung, rannten wir wieder zurück in die Küche, aus der das Geschrei kam. Da sahen wir die Bescherung. Unser Bruder hatte sich, von uns anderen völlig unbemerkt, in der Aufregung und Hektik mit seinen Hosenträgern am Gestänge unseres Küchenherdes so verfangen, dass er sich selbst nicht mehr befreien konnte.

Wir versuchten gemeinsam, die Träger vom Herd zu bekommen, aber sie hatten sich durch Bodos eigene ungeschickte Befreiungsversuche so in der engen Ritze zwischen Herd und Herdstange geklemmt, dass es eine gehörige Zeit gekostet hätte, sie dort herauszufummeln. So viel Zeit hatten wir natürlich nicht. Kurzerhand zerschnitt Torsten, der Älteste von uns vieren, die Träger von Bodos Hose, und unser Bruder war frei.

Unter anderen Umständen hätten wir über Bodos Missgeschick gelacht, aber so war er nur die Ursache einer unverzeihlichen Verzögerung, und er musste nun die wüstesten Beschimpfungen über sich ergehen lassen. Dem armen Kerl standen die Tränen in den Augen. Jetzt endlich rannten wir zurück ins Wohnzimmer, Bodo etwas langsamer als wir anderen, da er ja nun seine Hose mit beiden Händen festhalten musste.

Das Zimmer erstrahlte in einem Glanz, der nicht nur vom geschmückten Weihnachtsbaum allein herrühren konnte. Ich hatte immer das Gefühl, dass dieser Raum wusste, dass nun Weihnachten war, und sich uns in einer besonderen, nicht alltäglichen Atmosphäre präsentierte. Aus der sonst gewöhnlichen Stube war über Nacht ein festliches Weihnachtszimmer geworden.

Der große Weihnachtsbaum, der auf einer Kommode in einer Ecke stand, sah einfach herrlich aus. Unser Vater hatte ihn mit größter Sorgfalt und Liebe geschmückt. Noch heute rieche ich den Duft der Wachskerzen, sehe noch das reichliche Lametta, die roten und silbernen Weihnachtskugeln und das Engelshaar, mit dem er geschmückt war, vor mir.

Auf einer kleinen Anrichte standen, wie in jedem Jahr, unsere bunten Teller mit den köstlichsten Süßigkeiten. Das waren Leckereien, von denen wir das übrige Jahr kaum zu träumen wagten. Selbst gemachte Marzipankugeln, gebackene Kekse, köstliche Feigen, Mandarinen und von meiner Mutter sogar nach eigenem Rezept hergestellte kleine runde Schokoladenkugeln türmten sich auf unseren Weihnachtstellern.

Doch in diesem Jahr war etwas anders. Unter dem Weihnachtsbaum lagen keine Geschenke!

Betreten schauten wir unsere Eltern an, doch die Mutter sagte nur, es könne nicht jedes Jahr zu Weihnachten aus einem «vollen Topf» geschöpft werden und wir sollten erst einmal gemeinsam ein Weihnachtslied singen, bevor es an die Bescherung ginge.

Was für eine Bescherung? Eine Bescherung ohne Geschenke?

Wir wussten ja, dass unsere Eltern nur wenig Geld hatten, und machten uns schon halb verzagt und den Tränen der Enttäuschung nahe mit dem Gedanken vertraut, dass die bunten Teller dieses Jahr die einzigen Geschenke sein sollten. Aber so richtig glauben konnten wir es denn doch nicht.

Was half es, wir mussten nun erst einmal singen, bevor wir endgültige Gewissheit erlangen würden. Als das Lied mit den leider viel zu vielen und endlosen Strophen endlich abgesungen war, griff unser Vater zu unserer übergroßen Freude hinter die schwere, breite Kommode und holte unsere Geschenke hervor, die bis dahin unseren Augen verborgen geblieben waren.

Jetzt wussten wir auch, warum unsere Geschenke nicht, wie sonst üblich, unter dem Weihnachtsbaum lagen. Sie waren einfach viel zu groß, um in teures Geschenkpapier eingewickelt zu werden.

Mein Bruder Torsten bekam eine Wandergitarre, Bodo, der Zweitälteste, eine Geige, unser Nesthäkchen Harald eine Zither und ich eine mittelalterlich anmutende Laute.

Später erfuhren wir, dass unser Vater diese Instrumente für einen geringen Betrag unserem Nachbarn abgekauft hatte. Unser Nachbar, ein freundlicher, in Musikwissenschaften promovierter älterer Herr, hatte die guten alten Stücke, die schon bessere Zeiten gesehen hatten, ein paar

Wochen vor Weihnachten zufällig auf seinem Speicher entdeckt. Das hatte unseren Vater wohl auf die Idee mit den Weihnachtsgeschenken gebracht. In wochenlanger Arbeit hatte unser Vater gemeinsam mit dem Nachbarn diese nostalgischen Musikinstrumente im Nachbarhaus restauriert und aufgemöbelt.

Ich weiß noch, dass ich viel lieber die Gitarre statt der Laute bekommen hätte, doch so unleidlich wir Kinder sicher auch manchmal waren, so wäre es uns nie in den Sinn gekommen, an unseren Geschenken herumzumäkeln.

Die viele Mühe, die das Aufbessern der Instrumente gekostet hatte, und die Liebe, mit der sie uns geschenkt wurden, fanden aber leider nicht die verdiente Würdigung. Es lässt sich wohl kein treffenderer Ausdruck finden: Unsere Eltern hatten «Perlen vor die Säue geworfen».

Nun war es nicht etwa so, dass wir uns nicht gefreut hätten, wir lebten wirklich an der Armutsgrenze und waren dankbar für jedes Geschenk, das wir bekamen. Aber die Eltern hatten wohl der günstigen Gelegenheit wegen völlig übersehen oder bewusst ignoriert, dass wir Jungs absolut unmusikalisch waren.

Jedenfalls tat diese unbedeutende Nebensächlichkeit der Überraschung keinen Abbruch. Wir freuten uns und wollten unsere Geschenke selbstverständlich auch benutzen. So versuchte jeder von uns, seinem Instrument ein paar harmonische Klänge zu entlocken. Das war schon schlimm genug, aber richtig katastrophal wurde es, als einer von uns auf die Idee kam, mit unseren verschiedenen Instrumenten gemeinsam ein Weihnachtslied zu spielen.

WEIHNACHTEN NACH ÜBERSTANDENEM KRIEG

Manfred Anders

Im Juni 1945 kamen wir zurück in unseren Heimatort. Er war dicht an der Oder gelegen. Der Krieg hatte ihn arg zerstört. Das Haus, in dem wir wohnten, war stehen geblieben. Da vor uns schon etliche Menschen in unserer Wohnung aus und ein gegangen waren, war sie schon recht leer geräumt.

Offensichtlich hatten unsere Nachbarn auch nicht mehr damit gerechnet, dass wir zurückkommen würden. Meine Freude war groß, als ich unter dem Bett noch eine ganze Zahl der Spielsachen fand, die uns der Weihnachtsmann zur letzten Kriegsweihnacht gebracht hatte.

Meine Mutter hatte andere Sorgen, es fehlte an allem. Aber schon lange vor dem nächsten Weihnachtsfest, dem ersten im Frieden, machten wir unsere Mutter darauf aufmerksam, dass ja auch ein ganz wichtiger Teil unseres Haushaltes verloren gegangen war, der Schmuck für den Weihnachtsbaum.

Auch für meinen Bruder hatte der Schmuck einen großen Stellenwert, und so tauschte er bedenkenlos seine kleine Holzeisenbahn, die sich unter den übrig gebliebenen Spielsachen befand, gegen Lichterhalter und Kerzen für den Weihnachtsbaum ein.

Meine Mutter freute sich riesig.

In unserer demolierten Kriegswohnung war auch ein Radio stehen geblieben. Es fand keinen Interessenten, weil Granatsplitter den Stoffüberzug des Lautsprechers vollkommen zerfetzt hatten. Sogar die Russen wollten das Radio nicht. Als im Dezember die Elektroleitungen notdürftig repariert waren und der Strom eingeschaltet wurde, steckte Mutti den Stecker in die Steckdose, und das Radio spielte. Ich glaube, wir waren die einzige Familie im Ort, die mit so einem Luxus aufwarten konnte. Der Tannenbaum wurde mit den ertauschten Kerzen und Lichterhaltern und irgendwelchem bunten Flitter geschmückt. Danach gingen wir in den Gottesdienst, der in einem nicht zerbombten Haus stattfand.

Zu Hause freuten wir uns dann über die vom Weihnachtsmann wieder hergerichteten Spielsachen.

Meine Mutter schaltete das Radio ein, und es erklangen Weihnachtslieder, wir sangen mit, alle waren glücklich und hofften, unser Papa würde bald aus der russischen Gefangenschaft heimkehren.

Dieses Fest gab meiner Mutter Kraft, den Alltag wieder zu meistern. Sie suchte jede Möglichkeit, uns durchzubringen, und schließlich griff sie zu, obwohl jeder vernünftige Mensch fragte, wie diese kleine Frau das wohl schaffen will: Sie nahm eine Arbeit bei der Reichsbahn als Kohlenschipperin an. Diese Arbeit war sonst nur Männern vorbehalten, aber viele waren noch in Gefangenschaft, und so hatte diese Arbeit nun meine Mutter auszuführen.

Ich habe sie nie darüber klagen hören, dass es ihr zu

schwer wäre. Sie kam gewöhnlich von der Nachtschicht heim und brachte uns Kindern etwas zu essen mit, das sie als Schwerstarbeiterin im Betrieb bekommen hatte. So schaffte sie es, dass wir leben konnten. Alle in der Familie hatten anzupacken. Meine großen Geschwister halfen beim Bauern, meine damals fünfjährige Schwester und ich hatten den Haushalt zu führen. Es war selbstverständlich, dass wir auch zu kochen hatten, sofern wir die Naturalien dafür besaßen. Wobei zum Kochen auch dazugehörte, das Holz aus dem Wald zu holen.

So funktionierte unser Haushalt ganz gut. Mutti vertraute uns. Jeder hatte für die Familie seine Verantwortung. Im Nachhinein meine ich heute, dass ich mit der Situation als Junge überfordert war.

Ganz in der Nähe meiner Schule war ein Büro der Deutschen Reichsbahn gelegen, von dem meine Mutter gewöhnlich ihren Lohn abholte. Leider hatte sie oft zwölf Stunden zu arbeiten, sodass sie nicht dazu kam, zur Bürozeit den Lohn abzuholen, und so beauftragte sie mich, mit Vollmacht dieses Geld abzuholen.

Eigentlich war es noch lange vor Weihnachten, doch in einem Geschäft gab es Weihnachtskugeln für den Tannenbaum zu kaufen. Mit dem Lohn meiner Mutter in der Tasche entschied ich: Die brauchen wir, und so kaufte ich die Weihnachtskugeln.

Aber nicht genug damit, als ich weiterging, sah ich einen weiteren Gegenstand, der in unserem Haushalt fehlte, auch für das Weihnachtsfest, ich kaufte noch einen Reibenapf.

Das war ein rauer Tontopf, in den überbrühter Mohn getan wurde, der dann mit einer Keule zerrieben wurde.

Dieser zerriebene Mohn wurde dann mit Aroma und Zucker zu einer beliebten Weihnachtsspeise zubereitet.

Da hatte ich einfach Geld ausgegeben, das meine Mutti mühevoll verdient hatte. Unterwegs bekam ich dann ein sehr schlechtes Gewissen, und ich fürchtete schon gehörig, mich rechtfertigen zu müssen. Wie überrascht war ich aber, als ich meiner Mutter meine Tat gestand. Sie war glücklich und küsste mich. «Papa kommt aus der Gefangenschaft zurück», stammelte sie.

So war meine Verantwortungslosigkeit zu einer Nebensache geworden.

Ja, als wir dann das Weihnachtsfest feiern konnten, erwiesen sich meine verfrühten Weihnachtseinkäufe als ein wichtiges Utensil. Nie hätten wir einen so schönen Weihnachtsbaum und ein so schönes Weihnachtsfest gehabt, bestätigte mir auch Mutti.

Leider währte das Glück nicht lange. Mein Vater war krank und sehr geschwächt aus der Gefangenschaft gekommen. Sicher gab es auch nicht die richtige Medizin. Trotz aller Pflege starb er im Februar, so stand meine Mutter wieder mit ihren vier Kindern allein da.

Mutig nahm sie weiter das Schicksal der Familie in die Hand.

Es reichte nun nicht, zwölf Stunden bei der Reichsbahn Kohlen zu schippen. Es gab kaum etwas zu essen. Obwohl wir auf dem Dorf wohnten, hatte meine Mutter Mühe, für uns Kartoffeln oder Getreide zu bekommen. Zur Erntezeit konnten wir von den geernteten Feldern nach Ähren suchen, und auf den gerodeten Kartoffelfeldern suchten wir nach in der Erde verbliebenen Kartoffeln. Aber irgendwann gab es dann nichts mehr. So musste meine Mutter einen anderen Weg finden, uns satt zu bekommen. Sie fuhr ins Oderbruch auf Hamstertour. Dazu war es notwendig, irgendwelche Dinge zu haben, die in Esswaren umzutauschen waren. Davon hatten wir nicht viele.

Mein Bruder hatte im Wald Wehrmachtsski gefunden. Das war das Einzige, was einzutauschen möglich war. Mit diesen Dingen ging Mutti mit meinen großen Geschwistern auf Hamstertour. Freudig kamen sie abends nach Hause. Sie hatten tatsächlich einen großen Sack mit Kartoffeln ertauscht. Das würde eine ganze Zeit reichen. Wir waren froh.

In der Folge schöpften wir trotz dieser Reserve nicht aus dem Vollen.

Als ich wieder einmal zu kochen hatte, bereitete ich die Zumpelsuppe zu, bei der eine Kartoffel fein gerieben und ins kochende Wasser mit Salz getan wurde.

Da klopfte es, ein Mann erschien. Er sah mich mit den Kartoffeln und fing zu erzählen an, wie schlecht es ihm und seiner Familie gehen würde, dass seine Kinder am Verhungern waren.

Es rührte mich immer mehr, und schließlich gab ich ihm die Kartoffeln, oder stahl er sie mir? Ich weiß es nicht mehr. Schnell war er verschwunden.

Als meine Mutter abends nach Hause kam, war sie am Verzweifeln, ich glaubte, sie würde sich umbringen. Was hatte ich da nur angerichtet. Um einen anderen Mangel zu beseitigen – wir hungerten nicht nur, wir froren auch –, beschloss ich am nächsten Tag, Eisenbahnschwellen zu zerkleinern. Offenbar hatte ich mir als achtjähriger Junge zu viel zugemutet, denn bei dieser Arbeit rutschte mir die Axt aus und traf die Hand, die das Holz festhielt.

Leider traf es meinen Finger, der sofort ab war. Brüllend suchte ich meinen Bruder, der beim Nachbarn arbeitete. Er verband mich notdürftig mit einem Handtuch, setzte mich in den Kinderwagen und fuhr mich ins Krankenhaus.

Meine Familie hat in der anschließenden Zeit nicht übermäßig über Hunger geklagt, offensichtlich hatten sie es akzeptiert, dass ich mir Mühe gegeben hatte, meinen Fehler zu korrigieren. Meine Wunde heilte langsam, bald war sie vergessen.

Es ging wieder dem Jahresende zu, ich konzentrierte mich auf das Weihnachtsfest.

Es mag nach wie vor nicht viel zu essen gegeben haben, aber das Weihnachtsfest machte uns froh. Vom Arbeitsbetrieb meiner Mutter wurden wir zur Kinderweihnachtsfeier eingeladen. Ein bunt geschmückter Tannenbaum mit vielen Kerzen zierte den Raum. Man sah lange Tischreihen, auf denen für alle Kinder bunte Weihnachtsteller und Geschenkpakete lagen. Als ich dann zu meinem Tisch geleitet wurde, stellte ich fest, dass auf meinem Platz zwar ein schöner Teller stand, jedoch ein Geschenk fehlte. Auf den Nachbarplätzen standen überall Weihnachtspakete. Stattdessen lag bei mir ein kleiner nüchterner Zettel. *1 Roller* stand drauf, ich war enttäuscht.

Als eine freundliche Dame mir Kakao in einer Tasse servierte, merkte sie wohl, dass ich fragend auf den Zettel schaute.

Sie nahm mich an die Hand und führte mich in einen Nebenraum. Da waren zahlreiche Roller geparkt, und einer davon gehörte mir. Ich meine, es war das schönste Geschenk in meinem ganzen Leben. Sie waren alle in der Betriebswerkstatt der Reichsbahn hergestellt worden, aus

Fünfzehn-Millimeter-Rohr geschweißt, mit zwei Leichtmetallrollen versehen. Dieses Gefährt habe ich lange ehrfurchtsvoll gehütet. Noch nach dreißig Jahren verwendete ich das Kreuz des Lenkers zweckentfremdet, um Gegenstände in der Erde des Gartens zu befestigen.

In dieser Hochstimmung konnte ich dann das eigentliche Weihnachtsfest kaum erwarten. Wieder hatte meine Mutter das Fest sorgfältig vorbereitet.

Wir gingen in die Kirche, kehrten heim, doch dieses Mal sah ich, dass ein Weihnachtsmann im Ort von Haus zu Haus ging. Zu Hause wartete ich, wann er wohl kommen würde. Wir sangen Weihnachtslieder, spielten zusammen, aber der Weihnachtsmann kam nicht. Ich war enttäuscht. Am anderen Tag fragte ich meinen Freund im Nebenhaus.

Er bestätigte mir, dass der Weihnachtsmann da gewesen war. Es war mein Onkel Hans.

Zu uns war er nicht gekommen. Ich fragte meine Mutter, warum. Ihre Antwort konnte ich nicht so recht verstehen. Er und meine Tante Gretel waren kinderlos, und sie wollten von meiner Mutter meine kleine Schwester Helga adoptieren. Ja, unter diesen Umständen sollte der Weihnachtsmann bleiben, wo er war.

Meine Mutter meisterte das Schicksal allein, sie schaffte es, uns alle zu erwachsenen Menschen mit Verantwortungsbewusstsein zu erziehen, ich konnte ihr nie genug danken.

DAS CHRISTKIND KOMMT

Ingrid Seilacher

Hineingeboren in die Nachkriegszeit, als Kind von Heimatvertriebenen aus Südmähren, wuchs ich im schwäbischen Maulbronn auf, einer Klosterstadt. Der württembergische Herzog Ludwig hatte sich im 16. Jahrhundert ein Jagdschloss in der Klosteranlage errichten lassen. Dort hatte unsere Großfamilie eine Unterkunft gefunden, als in Zeiten der Wohnungsnot jede einigermaßen bewohnbare Kammer an Flüchtlinge vermietet wurde. In der Beletage wohnten zwei Lehrerfamilien des evangelisch-theologischen Seminars. Wir wohnten einen Stock darüber, eine steile Treppe führte in die ehemaligen Kammern der Hofdiener. Drei Familien teilten sich dieses Stockwerk und die einzige Toilette, die mit einem Wasserkrug gespült wurde. Meine Eltern und ich hatten zwei Räume, einen nutzten wir als Wohnküche, den anderen als Schlafraum. Fließendes Wasser gab es nicht, stattdessen musste frisches Wasser in einer Kammer geholt und Schmutzwasser nach draußen getragen werden.

Die Adventszeit war eine besondere Zeit. Im Ofen knisterte das Holzfeuer, Bratapfelduft zog durch das Haus, abends saß die Familie um den Küchentisch, Großmutter und Tante gesellten sich dazu, und es wurde geplaudert, heißer Tee getrunken und gebastelt, Rauschgoldengel mit Wachskopf, den mein Vater mit Geduld modellierte, Girlanden aus Goldpapier und versilberte Walnüsse, die an Weihnachten den Baum schmücken würden.

Ich wurde früh zu Bett geschickt, schließlich war morgen Heiligabend.

Natürlich wachte ich voller Vorfreude auf. Den ganzen Tag saß ich bei Großvater, der mit mir *Mensch ärgere Dich nicht* spielte und meine Aufregung geduldig ertrug.

Endlich erklang das Glöckchen.

«Das Christkind ist da», flüsterten die Erwachsenen, und alle versammelten sich in unserer Wohnküche. Es brannte kein Licht außer den Kerzen am Weihnachtsbaum und einigen Wunderkerzen, die den Raum mit ihren silbern flackernden Strahlen zauberhaft erleuchteten. Eine helle Stimme sang «Vom Himmel hoch, da komm ich her», und nun sah ich es, da stand es in unserer bescheidenen Küche, das Christkind, es war zu uns gekommen, hatte uns gefunden in den Kammern im zweiten Stock! Vielleicht hatte es die steile, schmale Treppe gar nicht hinaufsteigen müssen, vielleicht kam es direkt vom Himmel durch das Fenster! Himmlisch sah es aus mit seinem bodenlangen weißen Gewand, den langen lockigen Haaren und dieser wunderschönen Stimme! Die Wunderkerzen erloschen nach und nach, es wurde ein bisschen dunkler im Raum. Wir sangen «Ihr Kinderlein, kommet», «O du fröhliche» und «Stille Nacht, heilige Nacht». Mein Blick wanderte zum Gabentisch, da stand ein Kasperlhaus, an dessen Giebel ein aufgeklebter Kasperl aus Silberpapier glänzte. Es war aus einer Schachtel gebastelt und toll verziert, und es hatte grüne Vorhänge aus einem feinen Stoff, wie ihn meine Mutter vor einigen Tagen geschenkt bekommen hatte. Ich betrachtete es staunend. Irgendwann fiel mir auf, dass das Christkind weg war, und hinter mir sang die Großmutter. Ich drehte mich um und freute mich zu sehen, wie sie ihren kleinen Mund rund formte beim Singen.

«Oma», flüsterte ich, «das Christkind hat die gleiche Stimme wie du!»

«So?», sagte die Großmutter, nahm meine kleine Hand in ihre warme Hand und hielt sie das ganze Singen über fest.

Im nächsten Jahr hat das Christkind den Weg zu uns nicht mehr gefunden.

Meine Großmutter jedoch blieb der liebevolle Engel in meinem Leben, der die Strenge der Eltern oft ausglich.

DER SELTSAME WEIHNACHTSMANN

Dieter Rutkowski

Weihnachten ist ohne Zweifel das schönste Fest des Jahres. Obwohl damals, als der Allmächtige in seiner großen Güte beschloss, seinen Sohn als Retter zu uns auf die Welt zu senden, alles noch einfach und bescheiden zuging, haben wir dem Fest doch einen würdigen Rahmen gegeben. Längst sind die Christvesper, der Tannenbaum, der Weihnachtsstollen und natürlich auch der Weihnachtsmann bei uns nicht mehr wegzudenken. Selbst dann, wenn Letzterer den würdigen Rahmen dieses besonderen Festes sprengt.

Sie glauben es nicht? Dann erlauben Sie mir, dass ich Ihnen berichte, wie es uns mit dem Weihnachtsmann erging und wie er uns mächtig in Verlegenheit brachte.

Es war unser erstes Weihnachtsfest in Ostfriesland, und es sollte besonders schön werden. Man sagt, es sei ein gefühlsarmer Menschenschlag, der dort unermüdlich dem ständigen Nordseewind und der Kälte trotzt. Es ist jedoch ein liebenswertes, geselliges Völkchen, wenngleich man ohne Zweifel eine gewisse Zeit braucht, um mit ihnen warm zu werden. Und es ist nicht allein die geheimnisvolle Sprache, die sich Fremden sofort als Barriere in den Weg stellt. Wir kamen aus dem traditionsreichen Erzgebirge mit den vielen Lichterbögen, den Hutzenabenden und den unzähligen Mundartgeschichten, die man sich in gemütlicher Runde bei Stollen und anderem Weihnachtsgebäck erzählt oder vorliest. Die Fenster werden dort bis zum Limit mit Lichterketten, Lichterengeln, Bergmännern und Nussknackern bestückt, und es störte uns nicht, dass wir scheinbar in dieser Hinsicht in unserer neuen Heimat Exoten waren. Wir liebten diese Tradition, auch in Ostfriesland.

Der Tannenbaum stand also geschmückt in der Ecke unseres Wohnzimmers und wartete darauf, von den Kindern und Enkeln, die in diesem Jahr zum Fest zu Besuch waren, bewundert zu werden. Schnee gab es hier keinen, dafür war es kalt und stürmisch. Im Kamin brannte trotzend ein Feuer.

Meine Frau mühte sich um den Gänsebraten, der in diesem Jahr ausnahmsweise eine ausgewachsene Pute war. Sie hatte mehr Fleisch und fiel beim Braten nicht so sehr zusammen wie eine Gans, die womöglich noch eine gemästete aus Ungarn oder Polen gewesen wäre. Wir hatten uns vorgenommen, statt Bockwurst und Kartoffelsalat, des sonst üblichen Essens zum Heiligen Abend, den Brauch aus dem Erzgebirge auch im hohen Norden weiterzuführen und Gänsebraten mit Grünen Klößen und Rotkraut zu essen.

Der Pastor hatte sich bei der Christvesper an die vorgegebene Zeit gehalten und den Gottesdienst nicht überzogen. Fünfundvierzig Minuten hatte er und nicht mehr, was von den wenigen Bauern in der Gemeinde, die anschließend noch ihre Kühe versorgen mussten, dankbar angenommen wurde. So waren alle rundum zufrieden.

Jetzt war es Weihnachten, jetzt hatte auch bei uns das Fest begonnen. Unser Sohn Thomas war mit seiner Familie da. Felix, unser ältester Enkel, war gerade neun und Felicitas fünf Jahre jünger. Überall spürte man die Aufregung. Selbst Maximilian, unser Cockerspanielmischling, lief aufgeregt im Haus hin und her. Irgendetwas war ihm an diesem Abend nicht geheuer.

Ich schaute immer öfter auf die Uhr. Jetzt sollte eigentlich unser Bekannter, ein Weihnachtsmann vom Dienst, erscheinen. Er war schon weit über der Zeit, und ich hatte Mühe, meine Enkel über diese Durststrecke zu bringen.

Der Tisch im Speisezimmer war festlich gedeckt, und in der Küche begann der falsche Gänsebraten bereits herrlich zu duften. Das Wasser für die Faule-Weiber-Klöße stand auch auf dem Herd und fing allmählich an zu dampfen. Ein Freund nannte die Klöße so, weil man sie sich fertig vom Supermarkt holen konnte. Im Erzgebirge würde eine Hausfrau, die etwas auf sich hielt, nie auf die Idee kommen, Klöße aus rohen Kartoffeln aus einer verschweißten Packung zu machen. Nein, dort wurden noch die Kartoffeln gerieben und der Brei im Kloßsack ausgepresst. Vom Geschmack her gab es aber keinen Unterschied, deshalb war mir das völlig egal. Auch das Rotkraut, das hier Rotkohl genannt wurde, stand auf dem Herd und schmorte still vor sich hin.

Vorsichtig schaute meine Frau um die Ecke. «Wo bleibt er nur?», wollte sie von mir wissen, als könnte ich diese Frage beantworten. Sie meinte den bestellten Weihnachtsmann. Um eine halbe Stunde hatte er sich nun bereits verspätet. Er hatte mir gesagt, dass er vorher noch einige andere Familien aufsuchen müsse. Er war gefragt und auch ohne Zweifel in dieser Rolle außerordentlich begabt.

Ich wollte bereits vor die Tür gehen, um nach ihm zu sehen, als er auch schon mit seinem roten Mantel und dem weißen wallenden Bart durchs Gartentor kam.

Sofort verschwand unser Hund erschrocken unter dem alten Sofa und kam erst wieder vor, als dieser für ihn merkwürdige Mensch später wieder ging.

Die Kinder schauten durch einen kleinen Spalt der Wohnzimmertür. Ihnen war der Respekt vor diesem alten, ergrauten Mann deutlich anzumerken.

«Da bist du ja, Weihnachtsmann. Komm nur rein, wir warten schon lange auf dich.» Obwohl dies eine Kritik sein sollte, denn ich hatte das «lange» besonders betont, schien er sie nicht zu verstehen.

«Ach, es sind so viele Kinder, die ich erfreuen soll. Gibt's denn hier auch welche?» Er gestikulierte auffällig mit seiner Rute durch die Luft, als wäre er sofort bereit, diese Kinder zu züchtigen.

Ohne meine Antwort abzuwarten, ging er auf die Wohnzimmertür zu. «Hohoho, da bin ich ja ...»

Er hatte noch nicht das letzte Wort ausgesprochen, als er der Länge nach ins Wohnzimmer fiel. Die Rute, der Geschenkesack und seine Mütze flogen in den Raum. Offenbar hatte er die Türschwelle nicht beachtet. Die Kinder schauten erschrocken auf den am Boden liegenden Weihnachtsmann. Zu diesem Zeitpunkt kam ich überhaupt noch nicht auf die Idee, dass der Sturz auch eine andere Ursache als die Türschwelle haben könnte.

Mühsam erhob er sich wieder und schaute, durch den

großen, leicht verschobenen Bart in seiner Sicht behindert, auf die Schwelle. «Oh, oh, was war denn das?», war sein einziger Kommentar.

Felix glaubte, dem alten Mann helfen zu müssen. «Du bist gestolpert, Weihnachtsmann», sagte er mit seiner ängstlich leisen Stimme. «Du musst mehr aufpassen!», fügte er dann aber altklug hinzu. Das passte zu ihm.

«Da hast du wohl recht. Na, dann will ich mal sehen, ob ich auch was für euch mitgebracht habe. Aber zuvor will ich wissen: Wart ihr auch immer artig?» Er schaute die beiden Kinder abwechselnd an.

«Ich ja, aber die Felicitas, die nicht, die pieselt immer noch ein», meldete sich Felix sofort.

Offensichtlich kannte der Weihnachtsmann diesen Ausdruck noch nicht. Er schaute fragend zu unserer Kleinen, die mit hochrotem Kopf auf einem Ende der Couch saß und mich Hilfe suchend mit ihren schönen blauen Augen anflehte. Ich setzte mich zu ihr.

«Stimmt nicht, ne, Opa?», meinte sie trotzig.

Klar wusste ich, dass sie ab und zu noch Windeln nötig hatte. Warum aber haute Felix sie jetzt so in die Pfanne? Wollte er vielleicht damit von sich und seinen Unarten ablenken?

Noch während ich darüber nachdachte, hatte der Weihnachtsmann den leinenen Sack ergriffen und schaute umständlich hinein. Mir fiel auf, dass er einige Mühe hatte, die von uns liebevoll eingepackten Päckchen aus dem Sack zu bekommen. Er hatte sich nach vorne gebeugt und griff ständig daneben. Meine Frau stand in der Küchentür und beobachtete sorgenvoll die Szene. Viel Zeit hatten wir nicht mehr. Der Braten brutzelte still vor sich hin, das

Rotkraut hatte längst genug gekocht, und das Kloßwasser musste bereits zum zweiten Mal nachgefüllt werden, weil es verdampft war.

Endlich hatte er das größte Päckchen in der Hand. «Für wen mag das wohl sein?» Er schaute über seine halbe Brille hinweg auf die Kinder.

«Ach, hier steht ja ein Name. So, Felix, dann sag mal ein Gedicht auf.» Während Felix sein «Lieber guter Weihnachtsmann, schau mich nicht so böse an …» aufsagte, nickte der Weihnachtsmann gefährlich nach vorne über. Erschrocken beobachtete ich das, aber er fing sich im letzten Moment wieder.

«Na, Weihnachtsmann, dir ist wohl nicht gut?», fragte ich besorgt.

«Doch, ich … hab nur so … sehr gefroren», antwortete er stockend.

«Opa, wenn du gefroren hast, dann trinkst du doch immer einen Schnaps. Vielleicht hilft das dem Weihnachtsmann auch?», meinte Felix.

«Das ist eine gute Idee!», reagierte sofort der Weihnachtsmann.

Ich war überrascht, wie cool Felix jetzt auf einmal war, hatte aber auch beobachtet, dass der Weihnachtsmann vielleicht schon zu viel gegen die Kälte unternommen hatte. Nur widerwillig goss ich dem Weihnachtsmann einen Doppelkorn ein.

Er hob ungeniert seinen Bart in die Höhe und kippte den Inhalt des Glases in einem Zug. Felicitas saß staunend da. Felix grinste. Er schien keine Angst mehr vor dem Weihnachtsmann zu haben.

«Haste gesehen, Felicitas?», wollte er von seiner kleinen

Schwester wissen. Von jetzt an begann er den Weihnachtsmann geschickt auszuhorchen, und der alte, ehrfürchtige Mann plauderte mit ihm wie mit seinesgleichen.

Wieder erschien meine Frau ungeduldig in der Küchentür und zeigte auf ihre Uhr.

«Na, Weihnachtsmann, du hast bestimmt noch eine Menge zu tun, bestimmt warten noch viele Kinder auf dich», sagte ich, um ihn an seinen Abgang zu erinnern.

Er schaute mich grinsend an. «Nö, ich bin jetzt fertig.»

«Aber wir haben noch einiges vor, Weihnachtsmann», versuchte ich ihm auf die Sprünge zu helfen.

«Der Weihnachtsmann kann doch bei uns bleiben, Opa», schlug Felix vor.

Wie sollte das gehen? Sollte der Nachbar den ganzen Abend hier in seinem Kostüm bei uns herumsitzen? Das fehlte ja gerade noch. Wie sollte er mit uns den Putenbraten genießen, wenn er bei jedem Bissen seinen künstlichen Bart in die Höhe heben muss? Nein, das war unmöglich.

Andererseits hatte sich der Weihnachtsmann aber gerade einen Sessel gleich neben dem Kamin ausgesucht. Da war es warm und gemütlich, und die Wirkung ließ auch nicht lange auf sich warten.

«Weihnachtsmann, du musst jetzt aber nach Hause!», ermahnte ich ihn noch einmal eindringlich und versuchte, ihn aus seinem Sessel zu hieven.

«Schade, es war gerade so schön gemütlich bei euch. Aber eines verspreche ich euch, ich komme wieder, ganz bestimmt. Im nächsten Jahr. Und dann reden wir weiter, abgemacht?» Er schaute fragend Felix an.

«Klar, abgemacht, Weihnachtsmann!»

Ich begleitete ihn noch vor die Tür und brachte den

Weihnachtsmann bis zu seiner Haustür. Immer wieder erklang aus seinem Mund ein fröhliches «Hohoho!».

Als ich wieder zu Hause ankam, war meine Familie bereits beim Essen. Die Klöße waren zerkocht, das Rotkraut verkocht, aber das Putenfleisch war zart. Es schmeckte uns vorzüglich.

«Du, Opa, der Weihnachtsmann war cool, ne?», wollte Felix wissen.

Am nächsten Tag war der Weihnachtsmann das Dorfgespräch, und ich wurde nicht nur einmal gefragt, ob es stimmte, dass ich ihn nach Hause gebracht hatte, weil er den Weg nicht mehr wusste.

WEIHNACHTS-TRADITIONEN

Christine Zirnstein

Weihnachten in der DDR.

Ja, auch in der DDR war das Weihnachtsfest ein Fest, das mit Spannung erwartet wurde.

In der sozialistischen Kultur wurde Weihnachten als das Fest des Friedens und der Freude bezeichnet. Offiziell gab es Christi Geburt nicht. Am Heiligen Abend waren jedoch auch im real existierenden Sozialismus die Kirchen voll.

Und genau wie heute, nach der Wende, begannen die Weihnachtsvorbereitungen bereits im Oktober. Natürlich lagen da noch keine Schokoladenweihnachtsmänner in den Kaufhallen (die damaligen Supermärkte). Aber man begann, sich schon nach dem einen oder anderen Geschenk umzusehen.

Wichtig war es, eine Tiefkühltruhe oder einen Tiefkühlschrank zu besitzen, denn es brachte nichts, erst am Heiligen Abend für das leibliche Wohl zu sorgen. Da hatte man ganz bestimmt das Nachsehen. Also wurden zum Beispiel Rinderrouladen, die es auch nicht immer gab, sehr früh eingefroren, um am zweiten Feiertag dieses Menü auf den

Tisch zu bringen. Oder der beliebte Grünkohl, den es bei uns immer am ersten Feiertag zur Ente gab, musste rechtzeitig besorgt werden. Als Städter hatte man natürlich keinen frischen, sondern war auf Konserven angewiesen. Also deckte man sich auch damit lange vor Weihnachten ein.

Im Dezember musste man dann auf der Hut sein, wenn es in den einschlägigen privaten Fleischereien Wiener Würstchen gab. Stundenlanges Anstehen war angesagt, denn nur an einem bestimmten Tag im Dezember gab es die so begehrten Würste, auf die man sich das ganze Jahr freute. Meistens war es sehr kalt, wie das zu dieser Jahreszeit üblich ist. Aber das Frieren nahm man dafür in Kauf. Auch Nussschinken bekam man offiziell nur zu Weihnachten. Welch ein Genuss!

In den Kaufhallen gab es um die Weihnachtszeit Apfelsinen. Auch hier war wieder Anstehen angesagt. Und zwar je ein Kilo Navelapfelsinen und ein Kilo Kubaapfelsinen pro Kopf. Letztere waren sehr strohig und schmeckten überhaupt nicht. Entweder man nahm sie mit oder bekam gar keine.

Meine Mutter war Rentnerin und konnte zweimal im Jahr nach Westberlin fahren. Einmal im Frühjahr und einmal im Spätherbst. Also, im Herbst wurden dann schon für Weihnachten all die leckeren Dinge, wie weihnachtliche Süßigkeiten, Kaviarersatz und andere Dinge, die bei uns absolut nicht zu bekommen waren, gekauft. Für meine Tochter Claudia brachte meine Mutter zum Beispiel Filzstifte und ein Monchhichi, Kultmaskottchen der Achtzigerjahre, mit.

Kurz vor dem 24. Dezember kam noch ein «Westpaket». Heiß ersehnt und mit Spannung erwartet: Alleine das Öffnen war ein Ritual. Die begehrten Dinge wie ein Pfund Kaffee, Schokolade und Apfelsinen waren nochmals in Geschenkpapier eingewickelt, das sorgfältig glatt gestrichen wurde und weitere Verwendung fand, denn selbst unser Weihnachtspapier sah dagegen aus wie Packpapier. Und es roch immer alles so wunderschön. Die Luxseife, die mit dabei war, wurde erst einmal zwischen die Wäsche gelegt und erst nach Monaten auch für die körperliche Reinigung benutzt. Die leere Schachtel schmückte allerdings im Bad schon die Spiegelkonsole.

Wir wohnten in einer Plattenbausiedlung, fünfetagig mit insgesamt zehn Familien pro Eingang. Hier kannten sich alle, und es herrschte ein vertrautes Miteinander. Jeder half jedem. Der Heilige Abend lief immer nach einem bestimmten Ritual ab: Vormittags wurde der Weihnachtsbaum geschmückt. Obwohl Weihnachtskugeln und Lichterketten ebenfalls eine Rarität waren, hatte man doch diese Dinge in petto.

Um 16 Uhr brachte das DDR-Fernsehen immer einen wunderschönen Märchenfilm. An diesem 24. Dezember kam der russische Zeichentrickfilm «Die 12 Monate». Dabei wurde Kaffee getrunken und selbst gebackene Plätzchen gegessen. Um 18 Uhr ging ich dann mit der Weihnachtsglocke ins Treppenhaus. Alle warteten schon auf das Klingeln, und in den Familien begann die Bescherung. Meist fungierte ein Nachbar als Weihnachtsmann und besuchte jede Wohnung in unserem Haus. Jede Familie hatte ein bis zwei Kinder, die auch noch in einem Alter waren, wo man an den Weihnachtsmann glaubte. Danach bekam der Weihnachtsmann noch ein Schnäpschen von den Eltern der beschenkten Kinder. Das endete für den Weihnachtsmann dann meist mit einem Schwips.

Nach der Bescherung gingen wir zu meinen Eltern, die ein paar Häuserblöcke weiter wohnten. Überall leuchteten Schwibbögen in den Fenstern und in den Zimmerecken, oder dicht am Fenster sah man den geschmückten, beleuchteten Weihnachtsbaum. Das Ganze erweckte in mir immer eine eigenartige Stimmung, die so nur in der Weihnachtszeit aufkam – Geborgenheit und Frieden.

Bei meinen Eltern wurde nochmals beschert und dann gemeinsam Abendbrot gegessen, natürlich Kartoffelsalat mit Würstchen. Aber auf dem Tisch standen auch noch Stollen, eine Schüssel mit Weihnachtsgebäck und gekochte Linsen mit Butter. Davon musste jeder essen. Nach der Überlieferung sollte das Geld dann im neuen Jahr nicht ausgehen. Das Geschirr durfte an diesem Abend nicht abgeräumt werden. Auch eine alte Tradition, die meine Mutter aus ihrer Heimat, dem Sudetenland, mitgebracht hatte. Lange saßen wir noch zusammen und tranken Glühwein.

Auch durfte zwischen Weihnachten und Neujahr keine Wäsche auf der Leine hängen, das brachte Unglück. Daran halte ich mich bis heute.

DIE ALTE WEIHNACHTSKUGEL

Michael Kreutz

Jedes Jahr, wenn ich kurz vor Weihnachten die große Kiste mit dem Christbaumschmuck aus dem Keller hole und die alten Kugeln aus geblasenem Glas auspacke, um sie in den großen Baum zu hängen, fällt mir der kleine, feste Karton in die Hände, in dem sich eine grüne Kugel befindet. Diese alte Kugel ist nunmehr über hundert Jahre alt. Welche Geschichte mit dieser Kugel verbunden ist, möchte ich hier erzählen.

Man schrieb das Jahr 1918, der Kaiser hatte den Krieg verloren und mein Urgroßvater seine Goldmünzen, die er dem Kaiser als Kriegsanleihe gegeben hatte. Mein Urgroßvater, der vor seiner Pensionierung Eisenbahnbeamter gewesen war, wohnte mit seiner Frau und seinem Sohn und dessen Familie in einem großen Mietshaus in Köln-Mülheim. Während sein Sohn mit dessen Frau und den vier Kindern im dritten Stock des Hauses wohnte, lebten meine Urgroßeltern in zwei Mansardenzimmern darüber. Durch den verlorenen Krieg kam es in vielen Städten zu Zwangseinquartierungen, so auch in Köln. Meine Urgroßeltern mussten ihre Mansardenzimmer aufgeben, die dann von einem englischen Offizier bewohnt wurden. Das bedeutete für die Familie meines Großvaters in der darunterliegenden Wohnung, dass man noch enger zusammenrücken musste. Zu den bisher sechs Personen kamen nun noch zwei dazu.

Mein Großvater sowie seine Kinder machten, wie es in vielen Familien in der damaligen Zeit üblich war, Hausmusik. Neben seinem Beruf als Ingenieur gab mein Großvater abends noch zweimal in der Woche Geigenunterricht. In dem großen Betrieb, in dem er arbeitete, gab es eine Orchestergesellschaft, deren Dirigent er war. Nebenbei spielte er noch Geige in einem Quartett. Auch seine Kinder musizierten. Mein Onkel Josef spielte ebenfalls Geige, Tante Elly sang, mein Vater spielte Klavier und Geige und mein Onkel Hermann Klavier und schon morgens früh in der Kirche die Orgel. Abends, wenn die Familie gegessen hatte, wurde im Wohnzimmer musiziert.

Eines Abends, als alle zusammen aufspielten, schellte es an der Wohnungstür. Vor der Tür stand der englische Offizier. Alle befürchteten, er wolle sich wegen der Musik beschweren, aber das Gegenteil war der Fall. In gutem Deutsch entschuldigte er sich und fragte, ob er vielleicht einmal zuhören dürfe, denn in seiner Heimat würde auch Hausmusik gespielt.

Um nicht unhöflich zu erscheinen, bat man den jungen Offizier herein. Es wurde ein unterhaltsamer Abend. Als der Gast erzählte, dass er auch eine Geige besäße und diese aus der Heimat mitgebracht habe, war klar, dass er ab dem nächsten Musikabend mit der Familie mitmusizierte. Er wurde bald schon fast ein Familienmitglied. Bei vielen gemeinsamen Essen war er in der Küche mit dabei. Auch zu Familienfesten wurde er immer eingeladen.

Zu Weihnachten lud der Offizier dann meine Großeltern zu einem Umtrunk in seine Mansarde ein. Die Großeltern staunten nicht schlecht, denn an einem kleinen Christbaum hing eine große Anzahl gläserner Weihnachtskugeln. Der Weihnachtsbaum der Großeltern war wie bei den meisten Familien dagegen nur mit vergoldeten Nüssen, Holzfigürchen und Süßigkeiten geschmückt. Gläsernen Christbaumschmuck kannte man zu dieser Zeit kaum.

Als die Besatzung zu Ende ging, verließ auch der englische Offizier Deutschland. Zum Abschied schenkte er meinen Großeltern die gläsernen Weihnachtskugeln.

Die Jahre vergingen, und mit der Zeit gingen auch einige der Kugeln zu Bruch, nicht nur wegen des Zweiten Weltkriegs. Aber eine der alten Kugeln hat bis heute überdauert und ist jetzt in meinem Besitz.

Was kann man aus dieser kleinen Geschichte mitnehmen? Musik kann Menschen verbinden und aus Feinden Freunde werden lassen. Und eine kleine Weihnachtskugel bringt jedes Jahr wieder die Erinnerung daran zurück.

«STILLE NACHT» IM MAI

Katharina Seidel

Am Morgen nach ihrer wüsten Siegesfeier waren die Kampftruppen weitergezogen, um der Besatzung Platz zu machen. Aber noch wagten die Menschen sich nicht in ihre Wohnungen zurück. Die Haustüren standen weit offen, und man roch bis auf die Straße den Alkoholdunst.

In der Unbekümmertheit meiner siebzehn Jahre traute ich mich als Erste hinein, huschte die Treppen hinauf, vermied es, in Bierpfützen, Speisereste und Erbrochenes zu treten, und stand dann fassungslos vor der Verwüstung. Die Möbel waren beschädigt, die Schränke gewaltsam geöffnet, und alles, wofür die Soldaten keine Verwendung gehabt hatten – Wäsche, Bücher, Papier –, war aufeinandergeworfen worden, Müllhaufen unserer Habseligkeiten, durchtränkt von Flüssigkeiten und Farben. Den Flaschen hatten sie einfach den Hals abgeschlagen, den Wein halb leer getrunken oder vergossen, überall lagen Scherben. Weg war meine geliebte Gitarre. Aber den Grammofonschrank hatten sie dagelassen, er war zu mächtig und sperrig und schwer, die Schallplatten lagen im Zimmer verstreut, viele von ihnen zerbrochen.

Während ich mich nach einer der Schallplatten bückte, die ganz geblieben war, war mir plötzlich, als wäre da jemand im Raum und beobachte mich. Schreckhaft fuhr ich herum und erblickte einen Soldaten, einen langen, schlaksigen Mann, der am Türpfosten lehnte, sein Blick ruhte auf mir. Die eine Hand in der Tasche, vollführte er mit der anderen eine kreisende Bewegung, die mir zu verstehen gab, ich solle die Platte, die ich gerade in der Hand hielt, auf das Grammofon legen. Die Arroganz des Soldaten ärgerte mich, aber mir fiel nichts Besseres ein, als seiner Aufforderung zu folgen. Der Plattenspieler war noch eins jener alten Geräte, die man mit einer Handkurbel aufziehen musste. Ich legte also die Platte auf, brachte die Nadel in Position und fasste den Tonarm. Ein kratzendes Geräusch zeigte an, dass der Mechanismus noch funktionierte. Orgelmusik brauste auf, und dann erklang, von einem Knabenchor gesungen, das Lied «Stille Nacht». Stille Nacht, heilige Nacht – während draußen bei heller Sonne der Kastanienbaum kurz vor der Blüte stand.

Ich habe dieses Lied nie gemocht. Es war mir zu sentimental, und noch vergangene Weihnachten hatte ich unsere Familie mit meinem Spott brüskiert. «Holder Knabe im lockigen Haar – du heiliger Schrecken!» Jetzt aber, so unverhofft, mitten im Frühling und inmitten all der Feindseligkeit, klang mir das Lied mit einem Mal lieblich und schön, fast überirdisch entrückt. Es wirkte entwaffnend, ein Lied, um Eis zu schmelzen und Mauern zu sprengen.

Auch mit dem Soldaten schien eine Wandlung vorzugehen. Er hob zwei Stühle vom Boden auf, schob mir den einen hin und setzte sich selbst auf den anderen, niedergebeugt, das Gesicht in die Hände vergraben. Skeptisch betrachtete ich ihn. Was würde er tun?

Die letzten Verse, der jubelnde Chor:

«... da uns schlägt die rettende Stund,
Christ, in deiner Geburt.»

Lagen nicht Rührseligkeit und Brutalität oft nah beieinander?

Ich erinnerte mich, dass dieses Lied in alle Kultursprachen übersetzt ist, in mehr Sprachen als irgendein anderes. Ist nicht ein Lied, das man in hundert Sprachen singt, ein Band um hundert Völker? Ein Lied, das vergessen lässt, dass es Sieger und Besiegte gibt, Schuldige, Mitschuldige und Gerechte.

Dem Chor folgte das Nachspiel, die Orgel ließ die Melodie ausklingen und verstummte dann. Lange noch verharrte der Soldat gebeugt und mit verdecktem Gesicht. Was würde er tun?

Er erhob sich und blickte verstört auf die Verwüstung im Zimmer. Auf einmal bückte er sich und begann, die Scherben aus dem Chaos zu sammeln. Gemeinsam gingen wir beide daran, Ordnung zu schaffen, den Beginn allen Friedens.

WIE MIR DAS GLASMÄNNLEIN EINEN WEIHNACHTSWUNSCH ERFÜLLTE

Dieter Siebald

Wenn ich an meine Kindheit zurückdenke, war sie voller Liebe und Geborgenheit. Ich lebte mit meinen Eltern, Geschwistern und meiner Großmutter in einem kleinen Dorf im Schwarzwald. Hohe dunkle Tannen ummantelten den kleinen Ort, und die meisten Bauern waren Waldbauern, die ihren Wald liebten. Die Alten im Dorf erzählten, dass im tiefen Tannenforst, dort, wo die Sonnenstrahlen den Boden nicht berührten, das Glasmännlein wohnte, ein Waldgeist, der Sonntagskindern einen Wunsch erfüllte oder ihnen half, wenn sie in Not waren.

Schon im November kam es oft vor, dass wir so viel Schnee hatten, dass wir Kinder nicht in die Schule gehen konnten und schulfrei hatten. Herrlich war es, wir durften Schlitten und Ski fahren, Schneemänner bauen und Schneeballschlachten veranstalten. Die Dorfstraße wurde mit einem Holzschneepflug geräumt, den zwei Pferde zogen, danach lag der Schnee meterhoch aufgetürmt zu beiden Seiten. Und fing die Vorweihnachtszeit an, erzählte uns Großmutter in der Dämmerstundenzeit Geschichten aus ihrer sorbischen Heimat.

Draußen fiel der Schnee in dicken Flocken, der kalte Ostwind pfiff ums Haus und rüttelte wütend an den Fensterläden, versuchte, in die warme Stube einzudringen.

Großmutter sagte dann immer: «Die wilden Horden ziehen wieder übers Land und treiben mit uns Menschen ihren Schabernack!»

Eine Kerze in der Stube brannte, ihr Schatten warf gespenstische Gebilde an die Wand, als wenn Kobolde im Zimmer tanzten. Im Ofen knisterten die Holzscheite und verbreiteten eine wohlige Wärme. Rötlich leuchtete die Ofenplatte, rhythmisch zischte der Wasserkessel, Tannennadelduft lag in der Luft.

Und Großmutter sprach: «Es war einmal vor vielen Hundert Jahren, als Feen und Kobolde noch mit uns Menschen auf der Erde zusammenlebten. Sie kannten die Wünsche der Kinder und erzählten sie dem Weihnachtsmann. Einen Wunsch pro Kind erfüllte der Weihnachtsmann und brachte nicht wie heute einen ganzen Berg von Geschenken! Die Erfüllung dieses Wunsches freute die Kinder mehr als alles andere.»

«Aber Großmutter», fingen meine Geschwister an zu protestieren, «wir haben viele Wünsche!»

«Ja», sagte Großmutter, «aber denkt daran, nicht die Menge bringt die Freude, sondern der Wunsch, der von Herzen kommt und an den man fest glaubt!»

Ganz ruhig saß ich da, hörte Großmutters Erzählungen und Erklärungen zu und überlegte. Mein größter Wunsch, den ich hatte, war ein Paar rote Gummistiefel. Ich wünschte es mir wirklich von Herzen, kein anderer Wunsch war so groß. Nur musste ich das ja einem Kobold mitteilen, damit der Weihnachtsmann auch davon erfuhr. Also ging ich in den Tannenwald, ich war ja ein Sonntagskind, rief nach dem Glasmännlein und sagte meinen Spruch auf: «Schatzhauser im grünen Tannenwald, bist schon viele Hundert Jahre alt. Dir gehört all Land, wo Tannen stehen – lässt dich nur Sonntagskindern sehen!»

Kaum hatte ich den letzten Satz beendet, verflog der Nebel zwischen den Tannen, und die Sonne schickte ihre Strahlen in das Gehölz und ließ sie bis zu einem alten Holzstumpf wandern, der im Licht erstrahlte.

Ob es ein Naturschauspiel oder meiner kindlichen Fantasie zuzuschreiben war, weiß ich bis heute nicht, aber der Nebel und die Sonne vereinigten sich zu einer Gestalt, das Glasmännlein war da.

Zaghaft und ängstlich sprach ich meinen Wunsch aus. «Ich wünsche mir so sehr ein Paar rote Gummistiefel, liebes Glasmännlein, bitte kannst du dies dem Weihnachtsmann sagen, das ist mein größter Wunsch!»

Ich bedankte mich auch schön und wandte mich ab, und wenig später war das Sonnenlicht verschwunden, dicke Nebelschwaden waberten wieder auf, und der Tannenwald sah wie vorher aus.

Es kam der Heiligabend, und wie in jedem Jahr wurde die gute Stube zum Weihnachtszimmer erklärt. Wir Kinder durften an diesem Tag den Raum nicht betreten.

Erst wenn das Weihnachtsglöckchen erklang, öffneten sich die Türen wie von Zauberhand, der große Weihnachtsbaum mit bunten Glaskugeln strahlte festlich, Wachskerzen brannten, das Licht spiegelte sich im Lametta wider, und wir durften eintreten. Feierlich spielte mein Vater auf der Mundharmonika «Stille Nacht, heilige Nacht».

Und da standen sie, meine roten Gummistiefel, vom Kerzenlicht angestrahlt, wunderschön! Es kam mir so vor, als sähe ich, ganz kurz nur, das Glasmännlein im Lichterglanz, wie es mir augenzwinkernd zulächelte.

Und so denke ich oft zurück,
ein Wunsch von Herzen war mein ganzes Glück,
wie schön war doch die alte Zeit,
wäre sie nie Vergangenheit.

Frohe Weihnachten und Frieden auf Erden.

EINE DOSE LEBERWURST

Uwe Bernzen

Der Held dieser Geschichte ist Herr Bahlke. Herr Bahlke war viele Jahre lang unser Lebensmittelhändler und ist mir in einem Jahr in sehr weihnachtlichem Sinne begegnet. Er hat mich nämlich wahre Nächstenliebe spüren lassen, und dies auf ungewöhnliche und doch so praktische Art und Weise.

Auch im Schicksalsjahr 1945 benötigten die Menschen in Deutschland zu Weihnachten einen Tannenbaum. Nicht jedem gelang es, einen zu erwerben, aber die Sehnsucht der Menschen nach diesem Symbol weihnachtlichen Friedens war in jenen unruhigen Zeiten besonders groß. Meine Mutter und ich wohnten damals in Lübeck. Mein Vater galt im Krieg als vermisst, wir hatten noch kein Lebenszeichen von ihm erhalten. Kurz vor Weihnachten nun hatte in der Zeitung gestanden, dass es an einem bestimmten Tag an den aufgeführten Plätzen Tannenbäume zu kaufen gebe. Wir beide machten uns deshalb früh auf, um einen zu erstehen. Als wir auf dem nächstgelegenen Verkaufsplatz ankamen, hatte sich dort schon eine lange Schlange gebildet, und es war abzusehen, dass wir keinen Baum mehr abbekommen würden. Das war traurig, zumal davon auszugehen war, dass die Lage auf den anderen Plätzen ähnlich war und es keinen Sinn ergab, dort noch hinzugehen.

Allerdings gab es da ein Gerücht. Auf einem weiteren bislang nicht angekündigten Platz würden – so hieß es – in Kürze noch Bäume verkauft werden. Meine Mutter und ich rannten daraufhin so schnell wir konnten eine lange Straße hinunter auf diesen Platz zu. Ich war damals noch ein kleiner Kerl und konnte nicht schnell laufen. Außerdem war ich so aufgeregt, dass ich statt nach vorne immer zurückguckte, ob da wohl der Lastwagen mit den Tannenbäumen uns bald überholen würde. In unserem Eifer achteten weder Mutter noch Sohn so richtig auf den Weg, und ich, an der Hand meiner Mutter immer noch rückwärtsguckend, lief deshalb padautz gegen einen Laternenpfahl. – Sie können sich meinen Schrecken und mein anschließendes Gebrüll vorstellen. Meine Mutter, die sich mitschuldig an dem Unfall fühlte, versuchte mich zu trösten, zumal mir alsbald ein kräftiges Horn am Kopfe wuchs. Aber ich war nicht zu beruhigen, zum einen der Schmerzen wegen, zum anderen aber auch, weil ich glaubte, nun wären wir nicht mehr schnell genug an dem Verkaufsplatz und würden keinen Tannenbaum mehr abbekommen.

Meine Mutter war ratlos ob dieser traurigen Situation, aber da das Unglück in der Nähe von Herrn Bahlkes Laden geschah und Herr Bahlke ein menschenfreundlicher Kaufmann war – eine damals sehr seltene Gattung –, ging meine Mutter mit mir Schreihals in Bahlkes Kolonialwarenladen.

Der nette Herr Bahlke kam, als wir seinen Laden betraten, sofort erschrocken hinter der Theke hervor und besah sich den Schaden. Ich erzählte ihm unter Tränen und Schluchzen die traurige Geschichte.

«Tja», sagte dann unser Kaufmann und rieb sich das Kinn. «Das ist wirklich eine dumme Sache, und das so kurz vor dem Fest. Aber, mein Jung, du hast Glück. Ich habe nämlich ein Wundermittel gegen so eine Beule. Ein Mittel, das deine Beule sofort wegzaubert.»

Er ging wieder hinter seinen Ladentisch, bückte sich und holte eine kleine ovale Dose hervor. Und diese kalte Dose drückte er mir dann behutsam gegen meine Beule. Das tat gut, und sein gutes Zureden und das meiner Mutter ließen mich aufhören zu schluchzen.

Das Tollste aber geschah dann. Herr Bahlke überreichte meiner Mutter galant die Dose, in der Leberwurst war, als Geschenk zu Weihnachten mit den Worten: «Das ist für die Nachbehandlung der schweren Verletzung Ihres Filius.» Und Frau Bahlke, seine gutmütige Frau, die auf mein Geheul hin auch in den Laden gekommen war, nickte lächelnd und aufmunternd über den Tresen.

Meine Mutter war sprachlos. Da bekam sie von dem guten Herrn Bahlke, ohne dass er Lebensmittelmarken dafür verlangte, eine Dose Wurst, die auf dem Schwarzmarkt mit Sicherheit eine Schachtel amerikanische Zigaretten wert war. Es war nicht zu fassen. Sie dankte ihm überschwänglich und fragte, wie sie das nur wiedergutmachen könnte. Er aber bemerkte gelassen: «Lassen Sie es man so gut sein und lassen Sie sich's vor allem gut schmecken zu Weihnachten. Sie sind ja auch nicht gerade auf Rosen gebettet.» – Nun war es an meiner Mutter, mit den Tränen zu kämpfen.

Wir machten uns wieder auf den Weg zu den Tannenbäumen, und zwar jetzt etwas bedächtiger. Und wir hatten Glück. Gerade als der Lastwagen mit den Bäumen auf dem Platz ankam, gelangten auch wir zu dem Platz. Und weil kaum einer von dieser Verkaufsstelle wusste, hatten wir sogar noch die Wahl zwischen mehreren Bäumen. Auf dem Rückweg führten wir dieses Bäumchen dann Herrn und Frau Bahlke vor, die es als besonders schön gewachsenen Tannenbaum lobten. Vielleicht ist er mir deshalb als solcher auch in Erinnerung. Auf jeden Fall wird Herr Bahlke mit seiner Weihnachtsleberwurstdose in meinem Herzen für immer einen besonderen Platz behalten.

SCHOKOLADE

Johannes Smeets

Es war so ein trüber Donnerstagmorgen im Dezember 1945. Kein Frost, kein Schnee. Nur ein leichter Nieselregen wehte gegen die maroden Fenster unseres Klassenzimmers. Die talentierten Künstler aus unserer Klasse hatten aus farbigem Papier ein paar große und kleine Adventssterne geschnitten und sie mal mehr, mal weniger liebevoll auf die Scheiben geklebt. Doch der trübe Donnerstagmorgen schien sich von diesen kunstvollen Vorboten des weihnachtlichen Lichterfestes nicht beeindrucken zu lassen. Auch unser alter Lehrer, der schon im Ersten Weltkrieg als Soldat für das Vaterland hatte kämpfen müssen, war vom Weltenschmerz erfasst, erlebte nicht seinen besten Tag und langweilte uns mit seinem wenig abwechslungsreichen Unterricht.

Das Wetter, der Unterricht, das Leben überhaupt – alles an diesem Morgen war freudlos. Mädchen, in die man sich zumindest etwas hätte verlieben können, waren fernab in einer anderen Schule. Es schien sich alles gegen uns verbündet zu haben, und so gab es aus dieser Tristesse kein Entrinnen.

Die Schulspeisung kam wie immer kurz vor der großen

Pause. In einem nahen Kloster wurde für uns gekocht. Eine Spende der Quäker. Zwei Klassenkameraden mussten den großen Suppenkübel dort abholen und die Suppe verteilen. Fade war sie, aus Erbsmehl, nur unser fürsorglicher Lehrer pries sie pflichtgetreu als leckere und wertvolle Erbsensuppe. Ein Verfallsdatum gab es wohl damals noch nicht.

Die große Pause, vom Hausmeister mit einer mächtigen Glocke von Hand angeläutet, erlöste uns aus dem tristen Einerlei und weckte verborgene Energien. Obwohl es noch ein wenig nieselte, strömten die Schüler aller Klassen ohne viel Geschrei, Stoßen und Schubsen zum Frischlufttanken in den Hof. Ich war bei den Letzten, die den Pausenhof erreichten, und merkte gleich, dass sich etwas ereignet haben musste oder ein besonderes Ereignis bevorstand. Eine riesige Traube hatte sich gebildet, wild wurde gestikuliert, und man redete heftig aufeinander ein. Grund war eine Nachricht, die sich wie ein Lauffeuer verbreitet hatte, und diese Nachricht schien ebenso fantastisch wie unglaubwürdig zu sein.

Alle schrien jetzt wild durcheinander. In der Mitte der Traube stand ein Schüler aus der Parallelklasse, dessen Großvater an der Schule arbeitete. Der Junge musste sich beschimpfen lassen. Er lüge, er erzähle den größten Unsinn, und es schien, als wollten die Schreier ihn vor lauter Hoffnung und Erwartung herausfordern, seine Aussage noch klarer zu machen und zu begründen: Zehn Tafeln Schokolade bekäme jeder Schüler heute! Zehn Tafeln für jeden von uns, für jeden Schüler?! Das war nicht zu begreifen, das konnte nicht wahr sein! Wo sollte eine solche Menge Schokolade denn herkommen? Wer hätte sie ins Schulhaus tragen können? Die gesamte Menge für alle

Schüler, das ließe sich sogar bei schlechter Mathenote erahnen, war unvorstellbar. Ein böses Gerücht! So klang es aus vielen Kehlen. Ich schlich hinüber zu den Achtklässlern und fragte aufgeregt bei ihnen nach. Vielleicht hatten sie die schweren Schachteln mit der riesigen Menge an Schokolade ins Haus tragen müssen. Doch die zeigten mir den Vogel und ließen sich nicht weiter stören.

Bis zum Ende der Pause wurde noch heftig diskutiert, und erst im Klassenzimmer kehrte langsam wieder Ruhe ein. Inzwischen hatte unser Lehrer kurz zur Türe hereingeschaut und erklärt, wir mögen uns bitte still verhalten, er müsse noch etwas erledigen, was nicht dazu beitrug, uns zu beruhigen. Als es dann klopfte, saßen wir wie gebannt und voller Hoffnung und Erwartung. Doch herein kam ein Schüler aus einer anderen Klasse, der unseren Lehrer suchte.

«Wenn der aus der 5 a uns veräppelt hat, dann wird er was erleben.» Wild entschlossen zeigten sich unsere Stärksten, dem vermeintlichen Falschmelder gleich nach Schulschluss eine gehörige Tracht Prügel zu verpassen, als sich die Klassenzimmertüre öffnete und, angeführt von unserem Lehrer, einige Schüler der achten Klasse vier große Schachteln ins Klassenzimmer trugen. Zunächst war es mucksmäuschenstill, und mit großen Augen und weit aufgerissenen Mündern wurde die Karawane bestaunt, bevor ein unbeschreibliches Freudengeheul ausbrach. Es war die Schokolade. Sollte jeder Schüler tatsächlich zehn Tafeln bekommen? *Zehn* Tafeln – unglaublich! Doch es war kein Traum. Deutlich hatte unser Lehrer verkündet: «Ein Geschenk von ...» Die Herkunft dieses großartigen Weihnachtsgeschenks ging im allgemeinen Tumult unter.

Jeder holte nun vorne am Pult wie bei der Suppenausgabe seine Tafeln ab. Schnell ließ ich sie in meinen Schulranzen verschwinden, nichts anderes erwartend als das Unterrichtsende. Denn dieser Schokoladensegen musste ein Irrtum sein. Vielleicht hatten es die Lehrer nur falsch verstanden, und jeder sollte nur eine Tafel erhalten? Der Rektor hörte nicht mehr so gut, das wussten wir vom Musikunterricht. Meine Zweifel blieben, zehn Tafeln, es war so außergewöhnlich, dass es nicht wahr sein konnte.

So lief ich nach Schulschluss direkt nach Hause und versteckte meine zehn Tafeln Schokolade unter einem Holzstapel im Stall, fest dazu entschlossen, sie nie wieder herzugeben. Sollten wir sie am nächsten Tag zurückgeben müssen, würde ich erklären, sie einfach nicht mehr gefunden zu haben.

Doch wir durften sie tatsächlich behalten. Und so brach dann viele Tage später am Heiligen Abend der Weihnachtsteller unter der Schokoladenlast schier zusammen. Ein erstes, friedliches und glückliches Weihnachtsfest nach vielen Kriegsjahren mit reichlich Entbehrungen.

WEIHNACHTEN FÜR DIE TIERE DES WALDES

Margit Matthausch

Es war ein wunderschöner Spätsommertag Ende August 1997. Selbst auf dem Rückweg vom Töpfer war es uns noch zu warm. Die beiden Enkel sangen übermütig und schwangen ihre Wanderstöcke. Sie hatten sich eine Wanderung auf den Töpfer, einen nahe gelegenen Berg unseres Zittauer Gebirges, gewünscht und waren nun zufrieden. Als wir an der Turnhalle vorbeiliefen, erzählte ich, dass wir am Abend noch zur Geburtstagsfeier von Onkel Klaus wollten. Er war ein langjähriger Forstarbeiter und Freund unseres Hauses und feierte in der Turnhalle seinen sechzigsten Geburtstag.

Wir liefen die Einfahrt zu unserem Grundstück, einem ehemaligen Bauerngehöft, lang, und ich sah die Bescherung.

Mein Mann war schon aus seiner Firma gekommen und stand mit Traktor und Heumaschine bereit. Ich wusste, was das bedeutete.

«O nein, nicht schon wieder», jammerte ich, «nicht heute!»

In diesem Sommer war so viel Futter gewachsen, dass

wir die Wiesen um unser Haus schon zweimal abgemäht hatten. Das kostete sehr viel Anstrengung. Da wir außer ein paar Kaninchen selbst keine Tiere mehr besaßen, hatten wir das Futter schon überall feilgeboten. Aber die Arbeit wollte sich keiner mehr machen, zumal es ja diesmal reichlich von dem Grünzeug gab. Ja, das fertige Heu, das war dann nach einem langen Winter schon eher gefragt. Aber es sah so aus, als käme ich nicht drum herum. Mein Mann wartete schon auf uns.

«Was willst du bloß mit dem vielen Futter machen?», stöhnte ich. «Damit kann die Großmutter ja dreimal so viel Kaninchen versorgen.»

«Egal, es muss runter, dann baue ich eben eine Futterkrippe und schaffe das Heu in den Wald für die Tiere. Da tue ich was Gutes!» Während ich noch brammelte, standen plötzlich beide Enkel stramm vor uns mit weit aufgerissenen Augen und Mündern, und es sprudelte nur so aus ihnen heraus: «Opa, wenn du das machst, wollen wir nichts anderes zu Weihnachten haben! Machst du das wirklich?»

Die neunjährige Enkeltochter war ganz aufgeregt. Die beiden hatten sich bei unserer Ankunft zu Hause sofort in den Sandkasten verdrückt, und wir bemerkten es nicht einmal. Aber das hatten die kleinen Radarohren mitbekommen. Der Opa will eine Futterkrippe bauen! Genau das Richtige für die neunjährige Stephanie, die Tiere über alles liebte.

«Versprochen», lachte mein Mann, «in der Adventszeit geht es los, und Heiligabend gibt es eine Bescherung für die Tiere.»

Trotz der Futteraktion waren wir am Ende noch bei unserem «Onkel Klaus» zum Geburtstag, und ich erzählte ihm am Rande diese kleine Begebenheit. Denn er war es, der im Winter etliche Futterkrippen im Walde versorgte.

Der Herbst kam, und die Kinder fragten mehrfach nach, ob Opa sein Versprechen auch wirklich einlösen würde. «Am ersten Advent geht es los», beteuerte er schmunzelnd immer wieder.

Aber es ging nicht los! Er hatte als Elektromeister mit seiner Hubarbeitsbühne noch etliche Weihnachtsbäume mit Außenbeleuchtung zu bestücken und war den ganzen ersten Adventssonntag unterwegs.

Große Enttäuschung bei den Kindern, aber zur eigenen Beruhigung beteuerten sie immer wieder: «Wenn der Opa etwas verspricht, hält er es auch!»

Am zweiten Advent das gleiche Spielchen. Diesmal war es eine defekte Straßenbeleuchtung, die den Opa nicht zur Ruhe kommen ließ.

Dann endlich am dritten Advent das Zeichen: «Kinder, es geht los!» Vier Kinderfüße stürzten über die Wiese durch den hohen Schnee vom Nachbargrundstück zu uns. Der kleine vierjährige Tom fiel mehrfach hin, rappelte sich wieder auf und kam völlig durchnässt an.

Den ganzen Nachmittag wurde gesägt und gebaut. Konnten die Kinder auch wenig mithelfen, so waren sie eben von Anfang an dabei. Sie sammelten die Holzabfallstücke zusammen oder handlangerten. Aber sie waren dabei!

An diesem dritten Advent hatten wir noch Karten für eine Oberlausitzer Weihnachtsveranstaltung im Stadttheater. Auf die letzte Minute hüpften wir aus den alten Klamotten, machten uns fein und fuhren nach Zittau.

Ich kann mich noch gut erinnern, dass wir vom Parkplatz zum Theater rannten, denn es war höchste Eisenbahn. In der Pause erzählten sie immer wieder glücklich vom Bau ihrer Futterkrippe.

Am vierten Adventssonntag ging es weiter, die Kinder immer wieder mit dabei. Die Futterkrippe nahm Formen an, wurde aber noch nicht fertig.

Heiligabendvormittag wurden die letzten Handgriffe getan. Sogar unser Sohn, der das Vorhaben anfangs nur belächelt hatte, deckte zuletzt das Dach mit Schindeln. Als ich kurz vor Mittag in die Werkstatt fuhr, waren sie fast fertig. Ich hatte noch einige Kundenpräsente zu verteilen und freute mich schon auf den Nachmittag.

Zufrieden und weihnachtlich gestimmt kam ich zurück und fuhr in den Hof. Bei dem Anblick, der sich mir bot, wurde mir warm ums Herz. Auf der Wiese leuchtete der große Weihnachtsbaum, und davor standen zwei Fuhrwerke. Einmal unser Traktor und auf dem Anhänger die fertige Futterkrippe, zum anderen die Hubarbeitsbühne, die sie zum Auf- und Abladen benötigten. Die Kinder wuselten aufgeregt hin und her. Vor der Haustür saß auf einem Hocker unsere fußkranke Uroma, die das ganze Treiben miterleben wollte.

Schon am Morgen hatten die beiden Enkel alle Vorbereitungen getroffen. Die im Herbst gesammelten Eicheln und Kastanien wurden liebevoll poliert und in ein Körbchen gelegt. Mit viel Ausdauer stopften sie auch die Heusäcke, und diesmal wurde keine Miene verzogen, wenn es stachelte und pikte.

Nach dem Mittagessen ging es los! Der Kleine saß mit auf dem Traktor und unsere Enkeltochter in der Hubarbeitsbühne. So zuckelten sie mit Opa und Papa den Weg hinaus, Richtung Wald. Da gab es noch eine Überraschung! Als der Konvoi die Straße überquerte, kam der Weihnachtsmann. Der Weihnachtsmann, genau der, der eine Stunde später zu uns bescheren kam. Aufgeregt erzählten die Kinder, dass sie mit der neuen Futterkrippe in den Wald fuhren, um den Tieren eine Weihnachtsüberraschung zu bereiten.

Glücklich kamen sie zurück, zogen sich schnell festlich an und erwarteten ihren Weihnachtsmann. Der lobte die Kinder, weil sie die Tiere nicht vergessen hatten, und hörte sich geduldig die ganze Geschichte an. Geschenke gab es natürlich auch, auf die sie ja eigentlich verzichtet hatten.

Noch heute steht die Futterkrippe in unserem Wald, auch wenn sie schon dreimal an eine andere Stelle gerückt wurde. Und noch immer prangen auf dem nun schon verwitterten Schild die Worte:

Für die Tiere des Waldes – von Stephanie, Tom und Opa
Lückendorf, Weihnachten 1997

DER FLIEGENDE CHRISTBAUM

László Kova

Unser Onkel Gyula war ein äußerst berühmter Mann. Jeder kannte ihn in seiner Gegend. Sein Name ging sogar durch die Presse. Ich war sehr stolz darauf, dass ich so einen berühmten Onkel hatte. Wo ich nur konnte, gab ich mit meinem Onkel Gyula an.

Aber immer, wenn ich meine Eltern fragte, wodurch er so berühmt geworden war, schmunzelten sie nur. Sie erwähnten manchmal, dass er ein sehr gut aussehender junger Mann war, als er mit siebenundzwanzig Jahren eine Frau mit einem Haus heiratete. Das war für uns damals etwas Besonderes, da in unserer Familie alle nur bescheidene Mietwohnungen bewohnten.

Als ich etwas älter war, fand ich sein Haus nicht groß, sondern ärmlich klein. Aber es war dennoch ein hübsches Häuschen. Meine Tante und ihre alte, gebrechliche Mutter kümmerten sich um die prachtvollen Blumen. Das Gießwasser bekamen die durstigen Pflanzen aus einem tiefen Ziehbrunnen, aus dem man das frische Wasser mit einem Eimer, der an einer langen Kette hing, mühsam heraufkurbelte. In diesem kleinen Paradies gab es auch ein paar

Obstbäume, die uns Kindern im Sommer und Frühherbst schmackhafte Früchte schenkten.

Die Straße unseres Onkels lag ganz am Rand der Stadt. Man konnte sich unschwer einbilden, dass dort, besonders in den Winternächten, die Wölfe heulten. Jeder Besuch bei Onkel Gyula war wie ein Ausflug mit einem langen Fußmarsch, denn die letzte Straßenbahnhaltestelle lag weit entfernt vom Haus.

Im Bezirk unseres Onkels bestand ein Jahr nicht aus vier, sondern nur aus drei Jahreszeiten. So scherzten jedenfalls unsere Eltern über die ländliche Gegend. Sie sagten, es gäbe die Dreck-Jahreszeit, die Sonne-Jahreszeit und die Iglu-Jahreszeit. Ich war von der Existenz der drei Jahreszeiten so überzeugt, dass ich dafür in der Grundschule von meinen Klassenkameraden spöttisch ausgelacht wurde. Wenn es bei Onkel Gyulas Haus regnete, konnte kein Mensch ohne auszurutschen das Ende der Straße erreichen. Wenn es dann dort schneite, dann schneite es so heftig, dass man die Häuser bis zum Einsetzen des Tauwetters nicht erspähen konnte. Ich erinnere mich genau, dass wir meinen Onkel und seine Familie immer nur an sonnigen Tagen besuchten.

Bis auf ein einziges Mal.

Jenes Jahr schneite es schon reichlich am Nikolaustag. Jeden Tag schneite es noch ein bisschen dazu, und die Schneedecke wurde dicker. Auf dem Hügel unweit von unserem Haus konnten wir Schlitten fahren. Diese Zeit war für uns das aus dem Himmel gefallene Eldorado. Eines Tages, unmittelbar vor Weihnachten, verkündete unser Vater, dass wir zu seinem jüngeren Bruder, zu Onkel Gyula und seiner Familie, eingeladen seien, um mit ihnen zusammen das Christkind zu empfangen. Meine Schwester und mein Bruder jauchzten vor Freude.

«Aber wie kommen wir dorthin?», fragte meine Mutter bang. «Dort soll noch mehr Schnee liegen als bei uns», fügte sie besorgt hinzu.

Unser Vater, der stark wie Herkules war, kannte keine Schwierigkeiten. «Wir nehmen unseren Schlitten und auch eine Schneeschaufel mit, die Kinder je eine kleinere, und wir kämpfen uns durch die Schneehügel», bestimmte er so sicher, dass wir an unserem Erfolg gar keinen Zweifel hatten. Und so geschah es auch.

Der Fußmarsch von der Straßenbahnhaltestelle bis zum Häuschen unseres Onkels bereitete uns auf den dick verschneiten Wegen einen großen Spaß. Die Schneewehen der letzten Tage verbargen die Löcher und Straßengräben. Häufig wussten wir nicht, ob wir uns auf dem Fußweg oder auf der Straße befanden. Das Ausrutschen, Stolpern und Hinfallen im federweichen Schnee machte uns noch bessere Laune. Am liebsten hätten wir irgendwo unterwegs ein Iglu gebaut und dort auf das Christkind gewartet.

Endlich, nach etwa zwei Stunden, erreichten wir unser langersehntes Ziel. Alles schlummerte unter frisch gefallenem Schnee. Das Grundstück unseres Onkels mit dem Vorgarten, der Werkzeughütte, dem Ziehbrunnen und dem niedlichen Lehmhäuschen sah märchenhaft aus. Das Haus machte den Eindruck, als ob man ein mit Puderzucker bestreutes Knusperhäuschen als Filmkulisse vor sich hatte.

Die ganze Familie empfing uns sehr freundlich. Der Tisch war in der Küche bereits festlich gedeckt: In mehreren Schüsseln duftete leckere Suppe, auf großen Tellern waren gebratene Enten- und Gänsestücke mit Kartoffeln und Rotkohl angerichtet. Wir ließen uns nicht zweimal bitten, Platz zu nehmen. Ein Gang folgte dem anderen. Bei Onkel Gyula konnte man nicht hungrig bleiben. Nachdem wir uns wirklich übersatt gegessen hatten, legte die alte Mutter ihre leckeren Tortenstücke – mit reichlich Sahne darauf – auf unsere Weihnachtsteller.

Dieses Erlebnis werde ich bis zum Ende meines Lebens nicht vergessen.

Schließlich waren wir alle so satt, dass wirklich nichts mehr hineinpasste. Dann räumten die Erwachsenen den Tisch ab. Während dieser Zeit spielten wir mit unseren Cousinen, wir tauschten uns aus, es gab vieles zu erzählen. Nebenher sah ich mich auch immer ein wenig in dem kleinen Häuschen um: Als neugieriges und aufgewecktes Kind fand ich nichts, was meinen Onkel so bekannt gemacht hätte. Aber ich hoffte, dass es mir irgendwann klar werden würde.

Dann trat unsere Tante an uns heran und bat uns, in die Waschküche hinter dem Haus zu gehen, da bald das Christkind käme, und das hätte es nicht gern, wenn die Kinder im Weihnachtszimmer herumliefen.

Wir gehorchten brav und warteten, für uns Kinder waren die paar Minuten wie eine halbe Ewigkeit.

«Das Christkind ist da!», hörten wir auf einmal einen der Erwachsenen aus der Stube rufen.

Unter uns Kindern begann das Wettrennen ins Zimmer. Jeder wollte als Erster den Weihnachtsbaum und die Geschenke sehen. Der imposant verzierte Baum war durch die vielen Wachskerzen eine besondere Augenweide. Die dicht nebeneinander flackernden Kerzen verdeckten fast vollkommen das Grün des Nadelbaums. Da unsere Namen auf den Geschenken standen, ging das Finden schnell. Nach einer Weile legte sich die große Weihnachtsaufregung. Jeder zog mit seiner «Beute» davon. Die Erwachsenen plauderten am Esstisch in der Küche, wir Kinder versammelten uns im Kinderzimmer auf dem Dachboden, wohin man durch eine Hühnerleiter aus dem Zimmer klettern konnte.

Plötzlich schnüffelte mein Bruder in die Luft wie ein junger Jagdhund.

«Du», sagte er zu mir, «die Großmutter bäckt wieder was. Riechst du es auch?»

«Ja, sicher etwas Feines!», bestätigte ich.

Dann spielten wir unbekümmert weiter.

Etwas später rümpfte mein Bruder wieder seine Nase.

«Geh hinunter und schau nach, was für eine Überraschung auf uns wartet», kommandierte ich ihn.

Und er tat es. Von der Leiter fing er plötzlich an, furchterregend zu schreien:

«Es brennt! Es brennt! Hilfe! Hilfe! Es brennt!»

Tatsächlich! Der Christbaum brannte. Aber wie! Er loderte schon so hoch wie ein Scheiterhaufen im dunklen Mittelalter. In diesem Augenblick riss jemand die Zimmertür auf und sprang mit einem riesigen Satz zu dem von Flammen völlig verhüllten Baum. Er riss ein Zimmerfenster auf, griff den Nadelbaum wie ein Speerwerfer und warf ihn in den Vorgarten hinaus. Dann sprang er wie eine Wildkatze durch die Fensteröffnung hinterher und versuchte, mit den bloßen Händen Schnee auf das Feuer zu schaufeln. Alles passierte so schnell und so perfekt, als wäre es eine geübte Szene bei einer Filmaufnahme.

Dieser Anblick war ergreifend. Der fliegende, brennende Christbaum war mir wie ein Komet mit bunt leuchtendem Schweif vorgekommen.

Erst jetzt erkannte ich den heroischen Protagonisten. Es war kein anderer als mein lieber Onkel Gyula.

Wir alle folgten ihm und versuchten ebenfalls, das heftig lodernde Feuer zu löschen. Aber es ging schlecht, da der Schnee knochenhart gefroren war. Der lodernde Christbaum auf dem weißen Schnee in der Dunkelheit gefiel mir so sehr, dass ich mir den Misserfolg der Löschaktion geradezu wünschte.

In diesem Augenblick heulten aus zwei verschiedenen Richtungen Sirenen auf. Aus den Löschzügen sprangen Feuerwehrleute und rannten mit ihrem Schlauch zum funkelnd brennenden Christbaum. Blitzschnell brachten sie die in tausend Farben lodernden Flammen zum Erliegen. Damit war der angenehme Duft des brennenden Harzes auch bald vorbei. Leider!

Dann eilte mein Onkel in die Küche und kehrte mit einer Flasche fein gebranntem Pflaumenschnaps und vielen kleinen Gläsern zurück, schenkte den Feuerwehrleuten und der Familie ein und prostete fröhlich in die Runde. Einige Nachbarn hatten das Drama mitbekommen und schlossen sich der spontan wachsenden Gesellschaft an. Gläschen gab es genug. Flaschen mit Schnaps auch. Alle schnatterten lustig miteinander, als wäre es ein spaßiges Volksfest gewesen. Dieses Happening mit allem Drum und Dran war natürlich sehr unterhaltsam für mich, ich freute mich, etwas Außergewöhnliches zu Weihnachten erlebt zu haben.

Während ich mich durch die stehenden Erwachsenen durchschlängelte, schnappte ich aus den Unterhaltungen auf, dass die Feuerwehr fast jedes Jahr bei Onkel Gyula im

Einsatz war. Jetzt ging mir ein Licht auf, und ich verstand schlagartig: Sein laxer Umgang mit zu vielen Kerzen auf dem Weihnachtsbaum hatte meinem Onkel seine überregionale Berühmtheit beschert.

Als alle Flaschen leer waren, gab der Offizier der Feuerwehrtruppe das Kommando: «Wir müssen weiter! Einsteigen!»

Und zum Abschied sagte er mit lautem Lachen: «Gyula, wenn du so guten Schnaps hast, kommen wir nächstes Jahr wieder!»

Dann heulten die schweren Maschinen auf und verschwanden in der Dunkelheit – mit lallenden und fröhlich singenden Feuerwehrleuten.

Im darauffolgenden Jahr konnten wir in keiner Jahreszeit unseren berühmten Onkel besuchen. Den Heiligen Abend verbrachten wir im engsten Familienkreis. Als ich so groß war, dass ich die Zeitung lesen konnte, sah ich überraschend kurz nach Weihnachten einen Bericht über unseren berühmten Onkel. Dort war zu lesen:

Vor dem kleinen Lehmhäuschen in der Wiesenstraße Nr. 13 versammelten sich am Abend der Bescherung die Mitbewohner der Gegend mit Schnapsflaschen in der Hand und warteten gespannt auf die Fortsetzung der Weihnachtstradition bei «Onkel Gyula». Nach stundenlangem Warten mussten sie jedoch sehr enttäuscht nach Hause zurückkehren, da das spektakuläre Schauspiel mit dem brennenden Christbaum dieses Jahr aus unbekannten Gründen ausfiel.

Daraufhin tuschelten die Leute sofort. Rasch ging das böse Gerücht um, dass Onkel Gyula an Pyromanie leide und wegen fahrlässiger Brandstiftung und wiederholtem Versicherungsbetrug bereits im Knast sitze.

Aber nein, nichts davon war wahr. Unser Onkel Gyula hatte einfach seine romantischen Wachskerzen gegen eine elektrische Lichterkette ausgetauscht.

WEIHNACHTSZEIT

Andrea Kohn

Schon zünden wir wieder die erste Kerze am Adventskranz an, und eh wir uns versehen, ist es schon wieder Weihnachten. Meine Güte, wie die Zeit rennt.

Als Kind waren mir solche Gedanken völlig fremd. Und in der Weihnachtszeit erst recht. Da kroch die Zeit immer wie im Schneckentempo dahin. Die Tage vom ersten geöffneten Kalendertürchen bis zum Heiligen Abend wollten einfach nicht abreißen. Vierundzwanzig endlos lange Tage sehnsüchtigen Wartens auf den Weihnachtsmann und ebenso langes angestrengtes Bravsein. Und wenn er dann endlich da war, der 24. Dezember, und sich meine kindliche Aufgeregtheit schon am Morgen fast bis ins Unerträgliche steigerte, offenbarte sich das Phänomen, dass die Uhren nun noch langsamer zu gehen schienen als sonst.

An einen dieser Tage erinnere ich mich besonders genau. Weihnachtliche Geschäftigkeit, lebhafte Stimmen und der verführerische Duft des im Ofen brutzelnden Gänsebratens, vermischt mit dem Wohlgeruch frischen Tannengrüns, erfüllte bereits in der Frühe das Haus. In der Stube beschäftigten sich Vater und Großvater mit der widerspenstigen Nordmanntanne und dem Tannenbaumständer, und in der Küche hantierten Mutter und Großmutter mit Töpfen und Pfannen, um das Weihnachtsessen vorzubereiten. Mit feierlicher Miene halfen Hagen, mein großer Bruder, und ich in der Stube, bunte Kugeln, Strohsterne und Lametta an den Baum zu hängen (als er dann endlich stand) und dann in der Küche die sämige Soße und den noch heißen Karamellpudding zu verkosten. Doch so recht bei der Sache waren wir nicht. Viel zu sehr plagte uns jene erwartungsfrohe Ungeduld dieses ganz besonderen Tages, die es im Bauch kribbeln ließ, als hätte sich ein Ameisenstaat dort eingenistet. Ja, so fühlte sich Weihnachten an. Und je weiter der Tag voranschritt (was er mit äußerster Langsamkeit tat), umso mehr steigerte sich dieses Gefühl von Hibbeligkeit. Die Erwachsenen schienen dagegen resistent. Sie lächelten nur milde und geheimnisvoll, wie sie es schon seit Wochen taten.

Nach einem späten Mittagessen zogen die Großeltern sich zu einem Nickerchen zurück, während Mutter und Vater die letzten Vorbereitungen in der guten Stube trafen, in die wir bis zur Bescherung keinen Zutritt mehr hatten. Wir sollten noch ein bisschen spielen, hatten die Großen gesagt und uns ins Kinderzimmer geschickt. Nur ein Weilchen, hatte es geheißen, dann würden wir alle gemeinsam auf den Weihnachtsmann warten, der stets pünktlich um fünf Uhr zu uns kam. Aber ein Weilchen konnte entsetzlich lang sein. Und überhaupt, wie sollte man denn schön spielen mit so vielen Ameisen im Bauch?

Alle naselang rannten wir auf den Flur hinaus, um hoffnungsvolle Blicke auf die große Standuhr zu werfen, immer in der Erwartung, dass die Zeit nun schon ein wesentliches Stück vorangerückt sein müsste. Aber es war, als ob die Zeiger am Zifferblatt festgeklebt wären. Die letzten Stunden vor der Bescherung waren eindeutig die längsten. Für ein Mädchen mit sechsdreiviertel (auf das Dreiviertel legte ich damals Wert) entschieden zu lang. Hagen war zwar schon acht, aber auch er konnte seine Aufregung kaum bändigen. Dauernd redete er von den neuen Fußballschuhen, die er sich gewünscht hatte, und von dem Buch mit den irre spannenden Abenteuergeschichten. Und zwischendurch murmelte er das Knecht-Ruprecht-Gedicht vor sich hin, das wir später gemeinsam vor dem Weihnachtsmann aufsagen sollten. Dabei glaubte Hagen gar nicht mehr an den Weihnachtsmann (behauptete er jedenfalls). Ich war mir in dieser Hinsicht noch unschlüssig. Doch irgendwie glaubte ich schon noch an ihn. Zumindest machte ich mir ernsthafte Gedanken darüber, ob mein Wunschzettel überhaupt bei ihm angekommen war und er mir die heiß ersehnte Puppe mit Schlenkerarmen und das Pferdepuzzle mitbringen würde. Auch die eine oder andere Unartigkeit, die sich im Laufe des Jahres auf meinem Sündenkonto angesammelt hatte, fiel mir wieder ein und ließ die Befürchtung in mir wachsen, dass vielleicht eine davon so schwerwiegend war, dass sie mit Geschenkeabzug geahndet werden könnte, Würde der Weihnachtsmann wohl ein Auge zudrücken, wenn ich nur beim Gedichtaufsagen nicht patzte? Diese Ungewissheit war kaum auszuhalten.

Als ich Hagen zum ich weiß nicht wievielten Mal fragte, wie lange es denn noch dauern würde, schnippte der plötzlich mit den Fingern, sah mich mit seinem Hallo-kleine-Schwester-pass-mal-auf-Blick an und sagte: «Weißt du was, Nele, ich hab da eine prima Idee.»

Ich war mächtig gespannt, denn Hagen hatte immer prima Ideen.

In verschwörerischem Ton flüsterte er: «Ich weiß, wie wir es machen, dass die Bescherung früher ist als sonst.»

Ich war ganz Ohr.

«Also», erklärte Hagen, «wir stellen einfach heimlich alle Uhren im Haus um eine Stunde vor, dann ist eine Stunde früher Bescherung.»

Mir war zwar nicht klar, wie der Weihnachtsmann Kenntnis vom Stand unserer Uhren erlangen sollte, aber ich war ja auch erst sechsdreiviertel und daher erst einmal schwer begeistert.

Gleich als Erstes nahmen wir uns die große Standuhr vor. Das heißt, Hagen nahm sie sich vor. Meine Aufgabe war es, Schmiere zu stehen. Als Nächstes war die Küchenuhr dran, und anschließend huschte Hagen ins Elternschlafzimmer, wo er den Wecker auf Mutters Nachttisch in unserem Sinne bearbeitete und auch gleich Vaters Armbanduhr, die er zum Glück auf der Kommode hatte liegen lassen. Mutter und Großmutter trugen nie Uhren. Das vereinfachte die Sache. Nur an Großvaters Taschenuhr heranzukommen, die er stets bei sich trug, erwies sich als schwierig. Doch Hagen, wie ein Indianer auf dem Kriegspfad, schlich mutig ins Zimmer der Großeltern, die beide geräuschvoll in ihren Ohrensesseln schlummerten, pirschte sich an Großvater heran und zog dann ganz vorsichtig an der goldenen Kette, bis er schließlich die Uhr aus der großväterlichen Westentasche zutage beförderte. Ich hätte mir vor Aufregung fast in die Hosen gemacht. Einen Moment war mir sogar, als ob Großvater kurz blinzelte, aber das bildete ich mir bestimmt bloß ein.

Noch ganz aufgedreht, aber hochzufrieden mit uns und unserer gelungenen Aktion, die das große Ereignis nun ein bedeutendes Stück näher hatte rücken lassen, verkrümelten wir uns wieder ins Kinderzimmer. Es dauerte ungefähr die ersten fünf Zeilen von «Knecht Ruprecht», als wir Mutter auf dem Flur ein ungläubiges «Meine Güte, es ist ja schon gleich vier!» ausstoßen hörten, was bei uns höchstes Entzücken auslöste und uns mit Unschuldsmienen aus unserem Zimmer hervorlockte. Die Ameisen in meinem Bauch hüpften dabei unaufhörlich mit mir auf und ab. Sie hörten jedoch abrupt auf zu hüpfen, als Vater aus der Stube kam (leider ohne zu vergessen, die Tür hinter sich zu schließen), auf die große Standuhr schaute und kurz und bündig entschied, dass das unmöglich sei. Ich spürte, wie mein Herz ein ganzes Stück tiefer rutschte. Flehentlich, und wohl auch ziemlich auffällig, legte ich Vater einen Blick auf die Küchenuhr nahe, der ihn dann auch stutzen ließ. Nicht weniger auffällig sauste Hagen ins Schlafzimmer, um eilfertig Vaters Armbanduhr herbeizuholen, die in unserem Haushalt als absolut verlässlich galt. Das gute Stück hatte schließlich ein Präzisionsuhrwerk *Made in Switzerland* und war noch nie auch nur eine Minute falsch gegangen.

Endlich war der zweifelnde Ausdruck aus Vaters Gesicht gewichen, und er wirkte überzeugt. Doch dann passierte, was passieren musste: Die nicht in unseren Plan einkalkulierte Außenwelt drang zu uns herein, die Rathausuhr schlug verräterische drei Mal. Mutters schlichtes «Na, so was», das dem letzten Glockenschlag folgte, und Vaters tadelnd in die Höhe gezogene linke Augenbraue (die ihn ein bisschen wie Mister Spock aussehen ließ) machten meinem Gewissen arg zu schaffen. Auch Hagens Ohren hatten ein kräftiges Signalrot angenommen.

Inzwischen waren auch die Großeltern auf dem Flur erschienen. Großvater zückte seine Taschenuhr, warf einen ausführlichen Blick darauf und stellte sodann im Tonfall größter Selbstverständlichkeit fest: «Es ist Weihnachtszeit.»

Großmutter nickte. «Ja, Weihnachten gehen die Uhren anders», sagte sie.

Ein Schmunzeln huschte über die Gesichter der Erwachsenen, und in stillschweigendem Einvernehmen beschloss man, die Rathausuhr Rathausuhr sein zu lassen.

Der Weihnachtsmann kam an diesem Tag tatsächlich eine Stunde früher (kurz nachdem Großvater noch einmal das Haus verlassen hatte). Er zeigte sich in jeder Hinsicht großzügig, sah wohlwollend über all unsere kleinen Missetaten hinweg und ließ keinen unserer Wünsche unerfüllt. An jenem Abend bemerkte ich, dass auch der Weihnachtsmann eine Uhr trug. Sie blitzte unter seinem roten Mantel hervor, ging gewiss nach der Weihnachtszeit und sah der von Großvater verdächtig ähnlich.

Ja, so war das mit der Weihnachtszeit und unserer kindlichen Naivität. Doch auch heute noch würde ich so manches Mal gern an den Uhren drehen, wenn auch ganz sicher in die andere Richtung als damals.

DAS BLAUE PAKET

Friederike Steinborn

Früher bedeutete Weihnachten für uns Kinder auf dem Dorf eine Freude, und wir fieberten den wohldosierten Gaben entgegen. Alles in der Adventszeit umgab noch ein Geheimnis, besaß einen Zauber.

Es war für meine Geschwister und mich ungeheuer verlockend, dieses Geheimnis zu lüften, sodass die Dezembertage nur schwer auszuhalten waren. Ob das Christkind den Herzenswunsch erfüllen würde? Wer brav die Zeit bis Heiligabend durchstand, wählte den besseren Teil. Wer aber das Geheimnis vor der Zeit lüftete, bereute es. Ich lernte diese Lektion vor vielen Jahrzehnten.

Es geschah in den Tagen vor Heiligabend, dass meine zwei älteren Schwestern und ich nach der Schule erst zur Großmutter liefen. Sie wohnte gleich um die Ecke, und wir waren gewohnt, dass sie uns immer eine Kleinigkeit schenkte. Einen Apfel meistens oder gar ein Fünferle hie und da. Bei ihr lebte noch die Tante Pepi. Die hatte durch einen Unfall ihren rechten Arm verloren. Sie sah Großmutters freigebige Hand gar nicht gern. Wir mochten Pepi nicht und sie uns auch nicht.

Die Tante übergab uns ein blaues Paket. *Quelle* war groß

aufgedruckt. Das sollten wir der Mutter bringen. Es war bereits geöffnet und nur lose mit einer Kordel zusammengebunden. Sie verbot unter Strafandrohung, in das Paket hineinzugucken, und dann schickte sie uns schnellstens nach Hause.

Unser Haus lag damals noch am Dorfrand. Für den Heimweg gab es nun zwei Möglichkeiten: entweder die vom Schnee geräumte Dorfstraße oder den verwunschenen, tief verschneiten schmalen Pfad um den Friedhof herum.

Den nahmen wir und stapften langsam durch kniehohen Schnee bis zu der sichtgeschützten hintersten Ecke an der Friedhofsmauer.

Das blaue Paket brannte geradezu unter den Armen. Sein Geheimnis zu lüften, verlockte uns schon wegen des Verbots. Ein kurzer Gewissenskampf. Ach was, hier sieht uns keiner, überlegten wir. Die Kordel geht fast von alleine auf. Außerdem sind wir katholisch und können ja am Samstag alles beichten.

Um das Abenteuer gebührend zu beginnen, trieben wir erst einmal allerhand Unfug. Wir Jüngeren rollten uns im Schnee und machten etliche «Engelchen». Die Älteste baute derweil eine Schneefrau und stattete sie mit allen weiblichen Attributen aus. Dann fielen wir wie im Rausch über das Paket her. Wir fassten es kaum! Was wir uns so brennend wünschten, alles fand sich in diesem blauen Karton. Die große Schwester entdeckte ihren ersehnten Malkasten. Gleich tat sie Schnee und Spucke in die Töpfchen und malte Blümchen an die Friedhofsmauer. Die andere probierte die erhoffte kleine Handnähmaschine aus und stichelte dabei ihren Unterrock am Kleid fest. In einer

Schachtel mit der Aufschrift «Zigeunertraum» fand sich mein Herzenswunsch: eine Mundharmonika. Selig entlockte ich ihr die süßesten Töne. Es sollte ein bisschen wie «Stille Nacht, heilige Nacht» klingen. Wir vergaßen die Zeit. Es dunkelte bereits. Erst als die Schwester mich anstupste, sah ich das drohende Unheil. Durch den wirbelnden Schnee stapfte eine Gestalt auf uns zu, einen langen Stock schwingend. O heilige Mutter Maria, steh uns bei, der Vater!

Starr vor Schreck tat keine von uns einen Mucks. Jetzt musste gleich ein Strafgericht einsetzen, wie es noch nie eines gegeben hatte. Doch der Vater sagte kein einziges Wort. Stumm musterte er die Szenerie. Sein Blick schweifte über die vollbusige Schneefrau hin zu unserer vorgezogenen Bescherung, dann drehte er sich um und ging Richtung nach Hause fort. Kein einziges Wort kam über seine Lippen! Das Schweigen war schlimmer als alles andere, die Angst unbeschreiblich, die Scham groß. Hätte der Vater uns doch an Ort und Stelle gezüchtigt! Damit wäre es aus und vorbei gewesen. Aber das!

So schnell wir konnten, ordneten und verschnürten wir das blaue Paket und folgten dem Vater. Wir hielten angemessenen Abstand, aber wir mussten ihm nach. Die Alternative war ja nur das Erfrieren in der Winternacht. Direkt am Friedhof. Was für ein Drama!

Zu Hause weinte die Mutter. Sie sah uns nicht einmal an. Die drei kleinsten Geschwister verstanden gar nichts, verfielen aber vorsichtshalber auch in Schweigen. Nach dem Ableisten der schulischen Pflichten wurden wir in die Küche gerufen. Wir erwarteten, unser Essen zu bekommen. Aber nichts da! Uns wurde nur geheißen, das

Geschirr der Geschwister vom Mittagstisch zu spülen und abzutrocknen. Auch zum Abend gab es keine Mahlzeit. Stattdessen folgte das Verhör des Vaters. Weinend und zerknirscht gestanden wir, was nicht zu leugnen war. Das Urteil verkündete Vater ohne längere Überlegung: Es lautete, dass das Christkind uns dreien selbstverständlich nichts brachte und dass der Vater dieses Jahr auch die Krippe nicht aufbaute, obwohl er schon Moos und Rinden vom Wald geholt hatte. Einzig einen Christbaum sollte es geben, der drei Jüngsten wegen.

Der Heilige Abend verlief dann, wie zu erwarten war, in gedrückter Stimmung. Wir beteten zusammen, sangen Weihnachtslieder und spielten mit den Kleinen. Wir drei Großen durften mit dem Vater um Mitternacht zur Christmette gehen. Immerhin ein paar Sternsprüher kriegten wir mit auf den Weg. Es kamen Leute aus allen Richtungen zu unserem schönen und weithin bekannten Münster. Entlang der Wege blitzten überall immer wieder Sternenfunken auf.

In der Kirche war es während der Mette eisig kalt, und der Frost auf dem Heimweg kühlte uns weiter aus. So waren wir dankbar, dass die Mutter eine heiße Suppe bereithielt und dazu eine Überraschung: Das Christkind sei wider Erwarten noch einmal gekommen. Es habe wohl Erbarmen gehabt mit den reumütigen Missetätern. Wir sollten unterm Christbaum nachsehen.

Dort fanden sich drei Päckchen, jedes mit unseren Namen versehen. Staunend und sprachlos hielt jede ihr Wunschgeschenk in Händen: den Malkasten, das Nähmaschinchen, die Mundharmonika. Dazu gab es jeweils eine ganze Tafel Schokolade. Nun rollten Tränen der Freude und Erleichterung, sogar der Vater schmunzelte. Bald schliefen wir, vom Kummer befreit, einem umso schöneren Christtag entgegen.

WIE MISS PIGGY LAUTES HALLELUJA UND WEIHNACHTSGIER ÜBERLEBTE

Doris zur Linden

Die Sau kam mit der Post. In ihrem mit braunem Papier verpackten Karton reiste sie im gelben Lieferauto, dessen Halt besonders zur Weihnachtszeit von höchstem Interesse war. Ich hörte sogar das aufgemalte schwarze Horn. Ein Bläser war zwar nicht in Sicht, aber in dieser Zeit der Wintermärchen so kurz vor dem Fest, in der ich Sterne singen hörte und einen Engel zum Freund hatte, bescherte allein der Stopp des Paketwagens ein Überwältigtsein.

Mein Glücksgefühl stieg noch um ein Vielfaches, als der Mann in Uniform den Motor abstellte, vom Fahrersitz kletterte, um mit kühnem Schwung die Tür zu einer spannend-fremden Welt zu öffnen.

Da lagen sie. Ordentlich gestapelt. Nach Größe und Form sortiert. Viele in Packpapier und bindfadenumwickelt. Artig waren sie, die Päckchen und Pakete. Mustergültig in Reih und Glied. Und keines wagte es, aus der Reihe zu tanzen – sich gar selbstständig zu machen.

Obwohl ich wusste, dass sie von Menschenhand verschnürt und adressiert worden waren, waren sie doch auch ein kleines bisschen von den Wesen geschickt, von denen Vater in den Adventstagen nicht lassen konnte. Er erfand für den Bruder und mich – wahrscheinlich aber auch für sich selbst – Zwerg Tesa, Zwerg Paket, Zwerg Schnur und Zwerg Bindfaden. Voller Zärtlichkeit berichtete er, wie er es vom Rundfunk gewohnt war, über die Aktivitäten und Pflichten dieser Zwerge. Am Firmament, nach endlosen Milchstraßenkurven und Schleiermonden, tauchte schließlich in meiner Fantasie eine kometenhelle, strahlende Nacht auf. Es war die Vorfreude! In solchen Augenblicken hätte ich die Welt hochwerfen und wieder in meinen Kinderarmen fangen können. Ganz sicher war ich mir da.

Die Sau war per Postwagen von Lübeck nach Flensburg gereist. Sehr bequem und komfortabel. Bis vor den weißen Lattenzaun, der die steif gefrorene, bereifte Gartenwelt meiner Kindertage umgab. Ein Schwein, das fast vom Arm des Boten in die Hände von Mutter sprang, die herbeigeeilt war und den unbeschadeten Empfang des Kartons quittierte. Natürlich konnten wir zur Nachmittagszeit noch gar nicht sehen, was das Paket verbarg. Die Sau war ganz still. Ruhte wie ein Riesentrüffel auf weicher grüner Holzwolle und rüstete sich für ihren abendlichen Auftritt.

Der kam in dem Moment, als Vater vom Radio heimkehrte, seine Hände gewaschen und sich der Krawatte entledigt hatte.

Auch das Jackett des grauen Anzugs tauschte er gegen eine Jacke, in die Großmutter sicher viele Gedanken hineingestrickt hatte.

So wurde sie also endlich ans Tageslicht befördert.

Nach Schichten von Papier und fester Kartonage kam sie in voller Schönheit zur Geltung. Die Sau aus edelstem Lübecker Marzipan, deren Haut so fein war wie etwas ganz Unvorstellbares. Ein Prachtvieh! Mit ihren himmelblauen Augen schaute sie uns an. Sie blinzelte sogar ein wenig aus dem durchsichtigen Ställchen heraus. Freundlich, abwartend. Lässig gebettet, ging es ihr gut. Nein – bestens, denn sie lächelte mich an. Und in ihrer Schweineschnute hielt sie ein wunderschönes grünes Kleeblatt. Es war vierblättrig. Also hatte diese weihnachtliche Miss Piggy auch noch das Glück im Gepäck.

Wir staunten über das gewaltige, propere Tier, wie es so dalag und seinen Schinken elegant von sich streckte. Wir staunten und schauten uns alles genau an. Eine Sau hatte Vater von seinem Freund aus Lübeck noch nie gekriegt. Wohl vor zwei Jahren ein tortenartiges Gebilde im runden Flachkarton. Der hatte innen drin Spitze. Wenn man die hochklappte, klebte das Holstentor aus weißem Marzipan auf schwarzer Schokoladenhaut darin.

Die Sau fand ich besser. Mit meinen zehn Jahren sammelte ich Vogeleier, Federn, Kaninchenknochen und die Wolle der dicken Schafe, die im Stacheldrahtzaun hing. Außerdem wollte ich sowieso Tierärztin werden. Diese Schweinefrau war fast lebendig. Sie guckte so menschlich. Freundlich stierte sie in meine Adventswelt und freute sich ihres Lebens.

Das sollte auch so bleiben. Weihnachten kam. Die Musik der Farben brach mit lautem Halleluja über mich herein. Am Baum hingen neben Vögeln aus Glas auch Trompeten, auf denen man richtig blasen konnte. Sie waren golden wie die vom Himmelsorchester, und mein Bruder biss eines Tages hinein. So hatten wir immer eine, die keine Töne mehr von sich gab. Und diese geschnitzten Holzfiguren. Flach waren die, von beiden Seiten bemalt. Ich zeichnete deren Umrisse nach und hatte so auf meinem Papier Engel und Sterngucker. Mutter sagte, die seien noch vom Winterhilfswerk. Von früher. Die hätten sie als Jungmädels gegen Spenden verkauft. Damit alle Leute Suppe essen konnten.

Die Sau feierte mit uns Weihnachten. Es gab keinen Mord und auch kein Schlachtfest. Die Dicke freute sich einfach an Lichterbaum, Pfefferkuchenhaus und Eisenbahn. Freundete sich in jenen Tagen mit Bergmann und Mondfrau an. Hörte Weihnachtslieder, suchte nach den beiden Engeln, die hereingetreten waren, und nahm das ganze Glück still in sich auf. Am Morgen lag sie dort, wo sie am Abend eingeschlafen war. Sicher und gemütlich im Glasställchen. Und alles an Miss Piggy war so wunderbar rosa. Zart schimmernd wie Biskuitporzellan. Sie merkte, dass sie einzigartig war, und fühlte – je länger sie lebte – einen Hauch von Unsterblichkeit.

Irgendwann kam ich aus der Schule, und der Baum war fort. Abgetakelt. Die eiligen Zwerge hatten nur die restlichen bunten Schokoladenstapel, die Napolitains, in ein Schälchen gelegt. Einen einsamen Lamettafaden ließen sie auch zurück. Ihr Gruß. Ein Abschied für lange. Der Himmel legte für einen Moment die Stirn in Falten. Besann sich aber flugs und schüttete meine Kinderwelt mit Schnee zu. Über Rodelschlitten und Gleitschuh, Eisbahnen und Pudelmütze, Seen mit gefrorener Haut und das Rutschen an Vaters Hand, der Schlittschuh laufen konnte, vergaß ich den Baum. Von ihm zeugten jedoch auch im Frühjahr noch spitzharte Nadeln zwischen den Teppichfransen. Die sagten mir, dass es kein Traum war.

Die Sau war ebenfalls fort. Vom Tisch und aus unseren Gedanken. Mutter hatte ihr ein stilles Plätzchen im Schrank reserviert. Hinter Glastüren mit blauem Satinstoff. Da wurde auch Schokolade aufbewahrt, die wir riegelweise bei guter Führung zugeteilt bekamen. Die Schweinefrau wähnte sich also in bester Gesellschaft. Wollte schlafen wie Andersens Tannenbaum – bis zum nächsten wunderbaren Fest. Einem noch prächtigeren. Voller Freude und Glanz.

Genau das gelang ihr aber nicht. Ich entdeckte ihren verheißungsvollen rosa Körper, und gemeinsam mit dem Bruder ließ ich sie endlich frei. Öffnete ihren Stall und hob sie ganz vorsichtig mit beiden Händen von ihrer Lagerstatt. Sie quiekte ein einziges Mal. Sonst hat sie sich nicht gewehrt. Wir drehten sie um, sodass wir ihren fetten Marzipanwanst sehen konnten. Dann bissen wir abwechselnd jeder dreimal in ihren süßen Bauch. Die Spuren der Zähne zogen durch die köstliche Masse. Es schmeckte wunderbar! Nachdem wir den Schaden begradigt hatten, kam die Sau zurück auf die grüne Holzwolle. Alles wurde nochmals gründlichst inspiziert und nach Auffälligkeiten abgesucht. Und dann ab mit ihr in den Schrank!

Monate vergingen. Es nahte ein nordischer Sommer auf der Insel Amrum: Dünenversteck, Wellenspringen, Nivea-Wimpel, Krebse fangen, Platzkonzerte, Eisessen im Café Götze, Krabben pulen und Burgenwettbewerb. Den Wirtsleuten, Josefine und Ferdinand, wurde in jedem Jahr ein Gastgeschenk gemacht. Dieses Mal hatte Mutter sich für die Dicke vom vergangenen Winter entschieden. Die war doch überaus prächtig. Sah noch gut aus und lag friedlich dösend, das Kleeblatt im Maul, rosa im Schaukarton. Genau das Richtige. Piggy wäre ja auch etwas ziemlich Besonderes gewesen. Immerhin feinstes Lübecker Marzipan in stattlicher Menge. Damals eine Kostbarkeit.

Schon morgens sah ich an den Gesichtern von Josefine und Ferdinand, dass etwas nicht stimmen konnte. An diesem Tag wurde besonders lange draußen gespielt, über Sandhügel und weiße Dünentäler gestrolcht. Wir wollten gar nicht zum Abendessen kommen. Waren uns selbst genug und konnten doch nicht entrinnen. Die Beschenkten waren glücklich über das unverhofft wertvolle Prachtschwein. Einem Impuls folgend, mochten sie sogleich davon essen. Die Spuren unserer Zähne – am Rand des Marzipans in monatelanger Ruhe verhärtet und krümelig geworden – verrieten sofort alles.

Nachdem die Stimmung einen Tag lang polartemperiert war und wir uns eine Quallenschlacht geliefert hatten, glaubte ich zu spüren, wie es sich anfühlt, wenn man untergeht. Am Ende dieses Sommertages sagte Vater dann während des Rückwegs über die promenadenartige Wandelbahn – er trug dabei seine kühne weiß-blau geringelte Strickmütze: «Ich schenk dir den Mond, denn er gehört mir!»

In jenem Moment war er der Sternenanzünder, der den Kometen wieder ihren Platz zuwies. Ein Sternstaubbläser, der alle Wolkenpelztiere vertrieb. Und ich wusste glasklar, dass Vater die Sau aus rosa Marzipan mit Bissspuren am Bauch völlig egal war. Er aß nämlich wie ich für sein Leben gern Marzipan. Frisches, köstliches Lübecker Marzipan. Das mit dem Holstentor drauf.

WEIHNACHTSBASTELN

Régine Gastaud

Basteln war Pflicht. Eva und ich fingen damit immer schon Anfang November an. Unsere Mutter betonte zwar häufiger, unsere Familie sei etwas Besonderes, ich fand uns aber eigentlich ganz normal. Doch wenn ich heute an unsere Weihnachtsrituale und deren Vorbereitung denke, finde ich schon, dass es stimmte: Wir waren etwas Besonderes, auch wenn das bei unserer Mutter eine ganz andere Bedeutung bekam.

Ich bastelte sehr gerne und liebte die damit verbundenen Heimlichkeiten. Schon wenn Eva und ich unseren Eltern zuriefen: «Ihr dürft ab jetzt nicht mehr ins Kinderzimmer kommen!» Meine Stimme überschlug sich vor Aufregung.

«Was habt ihr denn vor?», fragte Mutter scheinheilig. «Es hat doch in nächster Zeit niemand Geburtstag?»

«Es ist doch aber bald Weihnachten!» Es war mir völlig unverständlich, wie Mutter das vergessen konnte, wo wir doch um diese Zeit auch schon immer Weihnachtslieder übten.

Zuerst malten Eva und ich ein großes Schild mit der Aufschrift *Eintritt verboten!* und hängten es an unsere Zimmertür. Wenn Mutter in ihrer stürmischen Art doch mal die Klinke runterdrückte, um fast gleichzeitig im Zimmer zu stehen, schrien wir voller Panik: «Nicht reinkommen!», und dann fragte sie durch die geschlossene Tür, was wir zum Abendbrot essen wollten. Das war sehr ungewöhnlich, denn geschlossene Türen waren bei uns tabu.

Eva war die Ältere von uns beiden, und die Bastelideen kamen meistens von ihr. Einmal schlug sie vor, wir könnten doch für unsere Eltern einen Adventskalender basteln. Wir malten auf ein Blatt einen geschmückten Weihnachtsbaum, schnitten vierundzwanzig Türchen in das Bild, klebten das Ganze auf eine Pappe und malten zum Schluss Sterne, Tannenzweige, Kerzen und vieles mehr in die Türchen, bis alle voll mit Weihnachtsbildchen waren. Am Ende klebten wir sie mit winzigen Tesafilmstücken zu. Besonders Mutter hatte sich so sehr über diesen Kalender gefreut, dass das Adventskalenderbasteln nun für uns zur Pflicht wurde.

Hätten wir Mutters Erwartungen nicht erfüllt, wären wir von ihr durch tagelanges Beleidigtsein und Liebesentzug gestraft worden. In solchen Situationen waren wir nicht mehr «Evchen und Lottchen», sondern Eva und Lotte. Wir bekamen keinen Gute-Nacht-Kuss, keinen Kuss am Morgen und auch nicht, wenn wir uns auf den Schulweg machten. Erst wenn wir uns reuevoll bei Mutter entschuldigten und ihr versprachen, sie nie wieder so zu enttäuschen, wurden wir wieder zu «Evchen und Lottchen».

Einmal wurde der Adventskalender besonders aufwendig. Wir falteten aus Pappe ein Haus mit Dach und schnitten dreiundzwanzig Fenster hinein. Eine große Flügeltür war die vierundzwanzigste. Dort hinein wollten wir Maria,

Joseph und das Jesuskind zeichnen. Auf das Dach malten wir Wellenlinien, die die Ziegel darstellen sollten, waren aber mit dem Ergebnis unzufrieden. Es sah uns nicht echt genug aus. Wir überlegten, wie wir es besser oder anders machen könnten. Lange fiel uns nichts ein.

«Stroh», sagte ich auf einmal. Eva sah mich erstaunt an. «Auf das Dach muss Stroh», erklärte ich ihr. «Schließlich ist das doch ein Stall. Ich hol welches von unten.»

Obwohl wir mitten in Berlin wohnten, wurden auf unserem Hof Kühe, Schweine und Hühner gehalten. Von unserem Hausflur führte ein düsterer, muffiger Gang auf den Hof, durch den ich schon am Tag nicht gerne ging. Jetzt war es schon dunkel. Leise öffnete ich die Tür zum Gang. Mein Herz schlug wie verrückt, alles in mir zog sich zusammen, und ich hatte plötzlich das Gefühl, ich müsste ganz dringend auf die Toilette. Aber das Stroh! Wir brauchten unbedingt das Stroh. Also: tief Luft geholt, durch den Gang geflitzt und die Tür nach draußen aufgerissen. Wieder frische Luft! Aber auch der Hof war nur schwach beleuchtet, und die Strohballen lagen weiter hinten, kurz vor dem Freigehege der Schweine. Ich guckte nach rechts und sah die dunklen Ställe. Links stand der alte Hanomag, mit dem Herr Wendig immer Futter holte. Wenn sich nun dahinter jemand versteckt hatte? Aber die Hofarbeiter waren um diese Zeit doch längst zu Hause. Noch mal tief Luft geholt und ein Sprint zum Stroh. Warum quiekten denn die Schweine so laut? Ich griff mir eine Handvoll Stroh, rannte die Treppe hinauf und war froh, wieder bei Eva in unserem Zimmer zu sein.

Wir klebten jeden Strohhalm einzeln auf das Dach. Jetzt waren wir mit dem Ergebnis zufrieden. Auch Vati und

Mutti waren begeistert und stellten das Kalenderhaus auf die Musiktruhe zu den Holzengelchen mit den Puppenkerzen. Das war schon ein Ehrenplatz!

Je älter wir wurden, desto geringer war unsere Lust zu basteln. Unsere Interessen hatten sich verändert. Wir lasen jetzt lieber die *Bravo* oder *Donald Duck* und hörten dabei *Schlager der Woche,* anstatt zu basteln.

Aber Weihnachten wurde es trotzdem wieder. Nachdem wir in den letzten Jahren Bilder gemalt und dazu Rahmen gebastelt hatten, Sterne gefaltet, Engel geklebt, Eulen aus Sperrholz gesägt, Kästchen verziert und Nadelbüchlein gestickt hatten, kam uns in diesem Jahr so gar keine Idee, was wir Selbstgemachtes schenken könnten.

Da erwähnte Mutti beim Abendbrot, dass ihr Portemonnaie nicht mehr richtig schließe und sie bald ein neues bräuchte. Eva blinzelte mir einige Male über den Abendbrottisch zu. Was hatte sie denn? Wir konnten doch unmöglich ein Portemonnaie basteln. Nachdem wir den Tisch abgedeckt und beim Abwaschen geholfen hatten, zog mich Eva in unser Zimmer.

«Du, Lottchen, wir kaufen Mutti ein Portemonnaie zu Weihnachten. Was hältst du davon? Sie hat doch selber gesagt, dass sie ein neues braucht. Und wir müssen nichts basteln.»

Ich fand diese Idee prima: «Da freut sie sich bestimmt! Wie viel kostet denn so was?»

«Das weiß ich auch nicht so genau, aber morgen nach der Schule gehen wir beide zum Kaufhaus Held und gucken mal.»

Am nächsten Tag stellte sich heraus, dass die Portemonnaies doch ziemlich teuer für uns waren. Und in sechs

Wochen war Weihnachten. Eva hatte im Gegensatz zu mir etwas von ihrem Taschengeld gespart. Wenn wir das nahmen und uns bis Weihnachten keine *Bravo*, kein *Donald*-Heft und auch keine Mars-Riegel mehr kauften, konnten wir das schaffen. Das war schon ein großes Opfer, aber immerhin war damit das leidige Bastelproblem gelöst.

Dann kam der Heilige Abend. Der Weihnachtsbaum, nur in Silber geschmückt, leuchtete, die Krippe war aufgebaut. Wir sangen zweistimmig *Ihr Kinderlein kommet* und *Stille Nacht*, Mutter las ganz ergriffen die Weihnachtsgeschichte. Die Luft im Zimmer war voll Harmonie und Glückseligkeit, denn alles war so, wie Mutter es gerne mochte.

Dann wurden die Geschenke ausgepackt. Obwohl wir selbst sehr gespannt waren, was wohl in unseren Päckchen war, beobachteten wir auch immer verstohlen, ob Mutter denn schon dabei war, unser Geschenk auszupacken.

Und dann war es so weit. Unsere Mutter sah entsetzt auf das Portemonnaie. Ihre Mundwinkel rutschten bis an ihr Kinn ab, als sie merkte, dass wir nichts gebastelt hatten. Es war, als hätte jemand die Balkontür geöffnet und die Harmonie in die Winterluft hinausgelassen.

Mutter sah sich das Portemonnaie nicht weiter an, öffnete es nicht und sah so auch nicht den blanken Glückspfennig, den wir ihr in das Münzfach gelegt hatten. Sie legte es achtlos unter den Weihnachtsbaum.

«Ihr schenkt mir etwas Gekauftes? Ihr habt nichts, aber auch gar nichts gebastelt? Wie könnt ihr nur so lieblos und undankbar sein? Ich zerbreche mir reineweg den Kopf, wie ich euch eine Freude machen kann, und ihr macht es euch so einfach. So eine Enttäuschung aber auch ... Dann krieg ich von euch lieber gar nichts als noch mal etwas Gekauftes!»

Eva und ich sahen uns erschrocken an. Mit so einer Reaktion hatten wir nie und nimmer gerechnet.

Mutter merkte nicht, was es für uns bedeutet hatte, so viel Geld zu sparen, um ihr dieses Geschenk machen zu können. Unser Verzicht interessierte sie nicht. Er passte nicht zu ihrer Vorstellung von einem liebevollen Geschenk.

Wir trauten uns kaum, unsere Geschenke weiter auszupacken. Das Weihnachtsfest war gelaufen.

Solange wir noch bei unseren Eltern wohnten, bastelten wir seitdem nun wieder zu jedem Geburtstag, zu Ostern, zum Muttertag und natürlich zu Weihnachten für Mutter, schon um des lieben Friedens willen.

Was Vater betraf, so sagte Mutter immer, würde es reichen, wenn wir ihm Pfeifenreiniger oder ein Päckchen Tabak schenkten. Und in seiner bescheidenen Art freute er sich immer von Herzen, denn auch für unseren Vater war es das Wichtigste, wenn Mutter zufrieden war.

OST-WEST-PAKETE

Thoralf Schirmer

Als Kind habe ich mich immer gefragt, wie jemand auf den Gedanken kommen konnte, eine Redewendung zu erfinden, in der es heißt, dass einer, der sich die Rosinen aus dem Kuchen pickt, das Beste für sich beansprucht. In meinem Leben war das anders. Wenn Oma vor Weihnachten Stollen gebacken hat, pulte ich zwar die Rosinen heraus, aber nicht, weil ich sie für das Beste daran hielt. Ich hätte sie gern jedem anderen abgegeben, aber keiner wollte sie dann mehr. So beliebt können sie also nicht gewesen sein.

Natürlich habe ich bald gelernt, dass die Redewendung viel mehr im übertragenen Sinne gilt. Für Westpakete traf sie sicher zu. Aus heutiger Sicht, mehr als fünfundzwanzig Jahre danach, muss man sich schämen und kann es nur notdürftig mit der eigenen Naivität als Kind entschuldigen, mit welcher Begehrlichkeit man sie in der DDR erwartet hat, was man sich aus ihnen erträumte, das man im eigenen Land, außer im Intershop oder im Delikat, nicht haben konnte: Kakaopulver, Kaugummi mit Comic-Bildchen zum Sammeln und Tauschen, ausdauernde Faserstifte mit mehr als den hierzulande gängigen Grundfarben,

Schokolade mit mehr Schmelz und Süße als unsere, aus Milch, die in der fernen Schweiz wohl lila Kühen abgemolken gewesen war oder von Sarotti-Magiern serviert wurde. Manchmal war sie auch von Spar, aber trotzdem aus dem Westen, und ich hielt sie lange für echte Weihnachtsschokolade wegen des Tannenbaums im Logo.

Offizieller Empfänger solcher Päckchen waren natürlich nicht wir, nicht meine Eltern und ihre Kinder, sondern immer die Großeltern, die als selbstständige Handwerker sowieso von Staats wegen beargwöhnt wurden und deshalb, da es ja ins Bild passte, auch Westverwandte haben durften. Bei meiner Großmutter war es ein Cousin, der in Köln lebte und bei den Ford-Werken arbeitete. Er kam sogar gelegentlich zu Besuch, immer mit einem neuen Ford-Modell und mit seiner gleichbleibend schwergewichtigen Frau. Weil diese eigentlich freundliche, aber auch auf eine rheinländische Art ruppige Frau mit den weißen Locken nicht mehr sehr beweglich war und daher meist in einem der Sessel im Wohnzimmer thronte, nannten wir sie «die Königin», auch wegen ihres Namens Elisabeth, ihrer Herrschaftlichkeit und ihres Reichtums an Süßigkeiten, den sie vom letzten Karnevalsumzug mitgebracht hatte.

Wir sollten eigentlich niemanden aus dem Westen treffen, weil mein Vater bei der lokalen Zeitung arbeitete, die damals «Bezirksorgan» hieß und der Partei gehörte. Aber wenn er doch einmal zufällig und ohne eigenes Verschulden auf einen Westdeutschen traf, so wie es erstaunlicherweise alle Jahre wieder zu Ostern mit Omas Cousin und seiner Frau geschah, dann erhielt er Absolution, musste aber hinterher einen Bericht schreiben, dem zu entnehmen war, dass über Politik nicht geredet worden war. Ich habe das anders in Erinnerung, aber ich war damals noch ein Kind und verstand nichts von Politik. Vielleicht war es ja auch keine. Das kann ich selbst heute manchmal noch nicht so recht einschätzen.

Außer dem Cousin gab es auch noch einige mir zum Teil bis heute unerklärliche weitere Verbindungen zu Bekannten nach Braunschweig, Essen und Salzgitter, die meine Oma bis zum Ende der DDR und darüber hinaus bis zu ihrem Tod pflegte. Auch von diesen kamen Päckchen, oft, aber nicht ausschließlich vor Weihnachten. Wenn wir zufällig gerade zu Besuch bei den Großeltern waren, dann wurden diese Pakete auf den leer geräumten Küchentisch gestellt wie eine Reliquie, die nichts Ungeweihtes neben sich duldet, und vor versammelter Familie geöffnet. Zum Vorschein kamen auch Dinge, die uns Kinder nicht interessierten, unsere Oma aber umso mehr. Oma war eine großartige Bäckerin, darum waren Backpulver und Puddingpulver von Dr. Oetker, Vanillezucker, Tortenguss, Tüten mit Rosinen und Mandeln, Zitronat und Orangeat für sie offenbar Schätze, die sie sehr willkommen hieß und in einer großen Blechbüchse (auch westlicher Herkunft) barg. Mir ist erst später bewusst geworden, dass es sich eigentlich um einen Tausch handelte, von dem sie vielleicht nicht mal den größeren Vorteil hatte.

Meine Großmutter konnte nämlich nicht nur backen, sondern auch Buchhaltung führen. In einem Buch hat sie alle Paketsendungen von West nach Ost und von Ost nach West detailliert festgehalten – mit dem Tag der Absendung, den Portokosten und der telefonischen oder brieflichen Bestätigung des Erhalts vom Empfänger, denn im Grenzverkehr konnte ja leicht etwas verloren gehen. Daher weiß ich, dass sie für all die Backzutaten selbst gebackenen Stollen, Makronen, Plätzchen oder anderes Gebäck retour in die Bundesrepublik schickte. Einmal muss laut Buchhaltung sogar eine Schichttorte ihren Weg im Paket über die Grenze gefunden haben. Darüber hinaus waren in den Ostpaketen, von denen ja heute kaum einer mehr spricht, unter anderem Briefpapier, ein Nussknacker und eine Pyramide aus Seifen, Bücher und Bildbände, Kunstkalender, Schallplatten mit Weihnachtsliedern, Bratpfannen, handbestickte Tischdecken, Schlummerrollen aus Leder und – ja, im Westen muss es wohl auch Engpässe gegeben haben – drei Tüten Kümmel.

Daneben nähmen sich die Sendungen mit Backzutaten, Schokolade, Strumpfhosen, Gummibärchen, Maggi, Kaffee, Kondensmilch, Nivea-Creme, duftiger Seife und Fischbüchsen fast gering aus, wären in den Sendungen aus dem Westen nicht auch oft Anziehsachen gewesen, die keine DDR-Boutique je in ihre Regale bekommen hätte. Auch wenn sie schon getragen waren, galten T-Shirts und Jeans als Kostbarkeiten, und wenn man in die Größe nicht mehr hineinwachsen konnte, zwängte man sich hinein, solange es ging.

Nur einmal habe ich meine Oma bei einer solchen Paketsendung sehr empört erlebt. Einen großen Teil des wertvollen Raums im Westpaket nahm diesmal etwas Sperriges, Starres ein, das mit fleischfarbenem Stoff überzogen war. Mit spitzen Fingern breitete Oma dieses Etwas vor uns aus, das sich als ein Korsett entpuppte. Meine aufrechte Großmutter fand zuerst keine, dann aber sehr viele Worte dafür, dass irgendjemand ernsthaft glauben konnte, sie brauche so etwas. Von den anderen wollte das

Ding auch keiner haben, und so verschwand es für immer aus unseren Augen. Ich habe es später auch nicht mehr in Omas Buchhaltung wiedergefunden, und das kann, so gewissenhaft, wie sie war, kein Zufall sein. Wahrscheinlich hat sie dieses Paket nie bestätigt.

WESTCOTT ROAD

Sabine Wicklow

Wieder ist es Advent – und ich liebe diese Zeit! Am Freitag vor dem ersten Advent wird immer die Wohnung geschmückt, und ich nehme mir, wenn eben möglich, für den Nachmittag oder Abend nichts anderes vor.

Im Dezember 2000 hat die Weihnachtsdekoration Verstärkung in Form von drei Schneemännern bekommen. Die kleinen Kerle sind elf Zentimeter hoch und bestehen aus zwei Glaskugeln, deren rauer Überzug mit weißer Bastelfarbe bestrichen ist. Sie haben – wie es sich für Schneemänner gehört – eine Karottennase in Form einer länglichen Glasperle, aufgemalte Kohleaugen und dazu einen breiten schwarzen Mund. Drei Knöpfe zieren ihren stattlichen Bauch, und gegen Kälte schützt sie ein roter oder grüner Schal, gebunden aus dicken Wollfäden. Diese Schneemänner sind keine klassischen Schönheiten, und ich wurde auch schon gefragt, warum wir diese Dekoration überhaupt aufbewahren. Aber sie stehen stellvertretend für eine wunderbare Adventserfahrung:

In besagtem Advent 2000 wohnte unsere fünfköpfige Familie – drei Kinder im Alter von acht, sechs und fünf Jahren sowie wir Eltern – in Princeton, New Jersey, USA. Die berühmte Universitätsstadt ist in ca. einer Stunde von New York City aus zu erreichen. Viele Gutbetuchte haben ihren Wohnsitz in Princeton und pendeln täglich nach New York City. Princeton hat wunderbare Alleen, wirkt sehr europäisch und ist ganz anders als der Mittlere Westen der Vereinigten Staaten.

Aus St. Louis in Missouri war mein Mann Anfang September hierher versetzt worden. Der Umzug kündigte sich recht kurzfristig an, was die Wohnungssuche spannend machte. Glücklicherweise fand sich eine Wohnung in der Westcott Road, die zwar für die meisten Amerikaner nicht attraktiv war, für uns aber passte. Neben dem Nachteil einer leider sehr hohen Miete in der zweitteuersten Straße der Stadt hatte sie zwei große Vorteile: Die Vermieter, die mit im Haus wohnten, waren unfassbar nett, und sie hatten Kinder im Alter unserer Kinder. Außerdem wohnten einige sehr interessante Menschen in der Straße, zu denen wir im Laufe der Zeit ein herzliches und gutes Verhältnis bekommen sollten. Diese Herzlichkeit war die beste Voraussetzung, dass wir uns in den Folgewochen gut einleben konnten.

Anfang Dezember erreichten uns zwei schön gestaltete Einladungen für den 3. Adventssonntag, die nicht unterschiedlicher hätten sein können. Die eine war gedruckt und lud zu «Holiday Cheers» ein, die zweite war von Kinderhand gemalt und lud zum nachbarschaftlichen Beisammensein mit anschließendem Singen im nahe gelegenen Altenheim ein. Was tun? Mein Mann und ich entschieden uns für beides. Zuerst planten wir zu zweit ein gutes Stündchen bei «Holiday Cheers», danach wollten wir mit den Kindern zum Adventssingen. Wir hatten keine Vorstellung, was uns bei «Holiday Cheers» erwarten würde. Vorsichtshalber kleideten wir uns eher formell und spazierten dann ein paar Häuser weiter zu den Gastgebern. Hier sollte ich erwähnen, dass wir diese persönlich noch nie kennengelernt hatten. Als wir ins Haus kamen, begrüßten wir den (vermeintlichen) Gastgeber, machten Small Talk mit lauter uns unbekannten Personen, bewunderten auf jeder Etage einen grandiosen Weihnachtsbaum und labten uns an feinstem Fingerfood in sehr angenehmer Atmosphäre. Im Verlauf des Nachmittags und im Gespräch merkten wir dann, dass es sich bei dem mutmaßlichen Gastgeber um einen Angestellten des Hauses handelte, der ausschließlich für die Elektrik zuständig war. Wer der Gastgeber war, haben wir den Nachmittag über nicht herausfinden können. Wir hatten aber eine Vermutung ...

Nach eineinhalb Stunden verließen wir den Empfang gut gelaunt und waren um die Erkenntnis reicher, dass es wirklich Häuser gibt, die wir bis daher ausschließlich aus amerikanischen Spielfilmen kannten. Außerdem lernten wir, dass «Holiday Cheers» kein Adventsnachmittag ist, sondern ein Beisammensein, bei dem ganz allgemein frohe Festtage gewünscht werden und das alle Religionsgemeinschaften einschließt. Es war eine interessante und bereichernde Erfahrung.

Nach dem Empfang ging es zügig nach Hause, wo uns die Kinder schon sehnsüchtig erwarteten. Im vorbereiteten Einkaufskorb waren ein Teller mit selbst gebackenen deutschen Weihnachtsplätzchen, dazu Triangel, Rassel und Schellenband nebst einer Thermoskanne Kakao, um den in der Einladung gebeten worden war. Mit den aufgeregten Kindern marschierten wir zum zweiten Mal an diesem Nachmittag zu uns noch unbekannten Nachbarn, diesmal in die andere Richtung der Westcott Road.

Erneut war der Empfang ausgesprochen herzlich. Der Korb wurde behutsam beiseite zu anderen Körben gestellt, und wir gingen etwas zögerlich ins Wohnzimmer. Wir waren nicht die Einzigen, und in kurzer Zeit waren ca. fünfzig Kinder mit ihren Eltern beisammen. Nach einer Stärkung mit Pizza konnte es losgehen. Einige Kinder trugen rote Zipfelmützen, jede Familie nahm ihren Plätzchenteller oder Korb, und auf ging es Richtung Altenheim. Die Stimmung war voller Vorfreude, und die Kinder waren aufgeregt. Offenbar wussten alle außer uns, wie die nächste Stunde verlaufen würde. Der Weg führte von der Westcott Road über eine Hauptverkehrsstraße zu einem Seniorenheim, dessen Bewohner eindeutig zu den eher Benachteiligten dieser Universitätsstadt zählten. Sie freuten sich so offensichtlich über den Besuch, dass ihre gute Laune einfach ansteckend war! Die Erwachsenen nahmen Platz, und die Kinder setzten sich im Kreis vor die Eltern auf den Boden. Die Instrumente wurden ausgepackt. Darüber hinaus wurden Liederzettel für die nicht so Textsicheren verteilt, und nun wurde mit Inbrunst gemeinsam gesungen. In der Pause reichte man die Plätzchenteller herum, dazu gab es für jeden Kakao, und es wurde erzählt und gelacht. Die Stimmung bei Jung und Alt war unvergleichlich herzlich.

Nachdem der letzte Ton verklungen war und sich alle gegenseitig «Merry Christmas» gewünscht hatten, wurde von einem Mitarbeiter des Hauses um Ruhe gebeten und ganz besonders den Kindern gedankt. Und hier hatten nun die Schneemänner ihren großen Auftritt: Ein bald hundertjähriger Bewohner des Hauses hatte sie in den vergangenen Monaten gebastelt. Jedes Kind durfte einen dieser freundlichen Wintergesellen mit nach Hause nehmen. Die Freude bei allen war groß und ehrlich, auch die Bewunderung für die Geduld und Fingerfertigkeit dieses hochbetagten Herrn, der sich so viel Mühe für die kleinen Sängerinnen und Sänger gemacht hatte. Unsere Kinder trugen die Schneemänner sehr sorgsam nach Hause, und sie bekamen einen Ehrenplatz auf der adventlich geschmückten Fensterbank.

Im Jahr darauf, 2001, fanden sie gleich zu Beginn der Adventszeit in unserem eher kleinen Wohn-Ess-Arbeitszimmer ihren Standort für die nächsten Wochen. Gleich kamen die Erinnerungen an das gemeinsame Singen zurück. Und wir haben uns natürlich sehr gefreut, als wir 2001 wieder zu «Holiday Cheers» und zum Singen im Altenheim eingeladen wurden. Wie im Vorjahr gab es, diesmal bei einer anderen Familie, Pizza, und wie im Vorjahr wurden mit Eifer und viel innerer Teilnahme die alten Lieder angestimmt. Den betagten Bewohnern des Altenheimes, den Kindern und uns Erwachsenen wurde erneut ein freudiger Nachmittag beschert. Doch wie groß war die Überraschung, als der weißhaarige und inzwischen einhundert Jahre zählende Herr (noch etwas kleiner als im Vorjahr, doch nach wie vor recht rüstig) erneut für jedes Kind einen Schneemann als Dankeschön verteilte. Strahlende Kinderaugen und bei dem einen oder anderen Elternteil leicht feuchte Augen der Rührung sind mir in Erinnerung geblieben.

Mit großer Sorgfalt wurden die sechs Schneemänner nach den Feiertagen verpackt – so erreichten sie unbeschadet im August per Schiffsreise im Container den nächsten Wohnort unserer Familie, Malmö in Schweden. Natürlich haben sie uns auch dort durch die Advents- und Weihnachtszeit begleitet. Wieder zwei Jahre später reisten sie mit uns nach Bamberg.

Häufig haben wir von den Nachmittagen erzählt, als sie zu uns kamen. Die Kinder sind inzwischen längst erwachsen und haben ihre eigenen Haushalte. Zwei Schneemänner sind bei uns geblieben. Es vergeht kein Jahr, in dem wir beim Anblick der Schneemänner nicht an diese Adventssonntage in Princeton zurückdenken. Und die verbliebenen vier Schneemänner? Sie ziehen regelmäßig mit den Kindern um, so, wie sie es gelernt haben.

OH, UNSER BLACKY!

Edith Weber-Hebisch

Mit freudiger Spannung erwarteten wir Kinder immer den 6. Dezember, denn dann kam am Abend der Nikolaus zu uns. Meistens wurden an dem Tag Plätzchen gebacken, entsprechend viel gab es zu tun. Dann rührten Mama und Oma mehrere Teige an, um anschließend die verschiedensten Leckereien zu backen.

Wir Kleinen hatten dabei vielfältige Aufgaben, beispielsweise den Teig für das Spritzgebäck durch den Fleischwolf zu drehen oder Figuren aus dem Mürbeteig auszustechen und fertige Plätzchen mit heißer Schokolade zu bestreichen. Da waren zudem die Bleche mit Öl einzureiben, mit rohem Backwerk zu belegen, das dann schnell im heißen Ofen verschwand. Na, wie sah dann nach getaner Arbeit die Küche aus? Die musste nach diesen Tagen gründlich geputzt werden. Doch spätestens eine Woche vor Weihnachten blitzte alles wie neu – das war Ehrensache!

Wie erstaunte es uns, als plötzlich trotz der allseitigen Geschäftigkeit unsere Oma nicht mehr da war. Ja, wo war die bloß? Die Oma sei mal kurz bei ihrer Cousine, so Mamas knappe Antwort auf unsere Fragen.

Wieso ließ sie uns gerade jetzt im Stich? Sie war doch

sonst immer so zuverlässig. Es half nichts, unsere Oma war einfach weg, was auch immer sie dazu bewegt haben mochte. Ausgerechnet jetzt läutete es auch noch in unserem langen, dunklen Hausflur. Ach du liebe Zeit, das kannte ich viel zu gut. Es war der Nikolaus mit seiner Schelle! Wäre doch bloß die Oma hier, denn es wurde uns jetzt doch etwas mulmig!

Während wir aufgeregt in Gedanken schnell noch einmal das jeweils erlernte Gedicht aufsagten, öffnete sich auch schon die Küchentür. Herein kam eine dunkle Gestalt, deren Gesicht unter einem schwarzen Seidenstrumpf verborgen war. Sie rasselte mit einer Kette und hatte auf dem Rücken einen großen, braunen, prall gefüllten Sack. Die Stimme aber war sehr merkwürdig, denn der Nikolaus atmete seine Luft beim Sprechen nicht aus, sondern zog sie ein. Obwohl er furchterregend aussah, war er dennoch gütig. Wir Kinder sagten unser Gedicht auf und sangen unser geprobtes Weihnachtslied.

Auf die Frage, ob wir das Jahr über brav gewesen seien, antworteten wir natürlich mit «Ja!», wenn auch, ich muss es gestehen, mit schlechtem Gewissen.

Aber der Nikolaus gab sich mit unseren Antworten wie immer zufrieden und hinterfragte glücklicherweise nichts. Vielmehr fand er für jeden von uns mindestens einen Grund zum Lob. Dabei gab er allen Geschwistern eine große Weihnachtstüte mit einem Weihnachtsmann aus Schokolade sowie Mandarinen, Lebkuchen und Nüssen.

Nun wollte sich der Nikolaus wie jedes Jahr verabschieden, da stand unser sonst sehr ängstlicher Hund Blacky aus seiner Ecke auf und heftete sich an seine Fersen. Versuche vom Nikolaus und meiner Mama, den Hund davon abzuhalten, waren vergeblich – das Tier wich nicht von seiner Seite!

Der Nikolaus hatte aber noch einige Besuche zu machen und eilte aus dem Haus, in der Hoffnung, den Hund doch noch abschütteln zu können. Doch diese erfüllte sich nicht – neben dem Nikolaus lief ganz ruhig unser Blacky!

Wir liefen zur Haustür und sahen, wie aus dem Nachbarhaus die kleine Elfi schaute und wartete. Sie rief ihrer Mutter erstaunt zu: «Schau, da läuft doch der Blacky neben dem Nikolaus!»

Waren da nicht ein leises Flüstern, ein Flehen und Fluchen des Nikolaus und eindringliche Worte an den sonst so braven Hund zu hören? «Blacky, du blöder Hund, gehst du jetzt weg. Nun geh doch! Hau doch endlich ab nach Hause!»

Woher kannte er eigentlich den Namen unseres Hundes? Na klar! Der Nikolaus weiß einfach alles! Ähnelte das Flüstern nicht der Stimme meiner Oma? Es ist doch erstaunlich, wie viel man sich einbilden kann!

Alles Bitten und Flehen half nichts, der heilige Mann verschwand mit Hund im nächsten Haus, um weitere Kinder zu überraschen. Es dauerte dann noch eine geraume Zeit, ehe unsere Oma wieder in die Backstube kam, um weiter zu werkeln.

Unser Hund hatte wohl doch nicht so viel Gefallen am Nikolaus gefunden, obwohl wir Kinder schon befürchtet hatten, das Tier nie, nie wiederzusehen. Nein, zufälligerweise traf Blacky, alias Knecht Ruprecht, wieder mit der Oma bei uns ein. Hatten sich die beiden also unterwegs getroffen – welch ein Glück!

Wir Kinder jedenfalls hatten unserer Oma viel zu erzählen. Da konnte sie nur staunen.

DAS BEINAHE MISSGLÜCKTE WEIHNACHTSGESCHENK

Wolfgang Rönspieß

Da saß ich in unserem Keller zwischen Holzabfällen und Sägespänen vor dem halb fertigen Werk und begann, bitterlich zu weinen. Ich war zehn Jahre alt, und es war der Abend des 22. Dezember. In diesem Moment wurde mir klar, dass mein kühnes Vorhaben jämmerlich gescheitert war. Ich wusste jetzt, dass ich es bis zum Heiligen Abend auf keinen Fall mehr schaffen würde. Welche Schmach, welche Blamage! Und wie peinlich obendrein! Ich würde kein Geschenk für meine kleine Schwester haben, würde mit leeren Händen dastehen, während sie sich bestimmt wieder etwas besonders Hübsches für mich ausgedacht hatte.

Angefangen hatte alles mit einer Bastelanleitung, die ich in der Zeitschrift «modellbau und basteln» gefunden hatte. Weit entfernt von einer exakten Bauanleitung, war es eigentlich nur eine Ideenskizze, die mir ins Auge gefallen war. Mein Entschluss hatte aber sofort festgestanden: Ich wollte so ein kleines Nähkästchen bauen, ganz ähnlich dem großen Nähkasten meiner Mutter, mit Henkel, vier separaten Fächern und Ausklappmechanismus, und dieses Nähkästchen meiner Schwester zu Weihnachten schenken. Damit würde ich sie alle überraschen, nicht nur meine Schwester, sondern auch meine Mutter und vor allem meinen Vater – alle würden staunen.

Das war so Ende November, gut drei Wochen vor Weihnachten, und ich begann unverzüglich mit den Vorbereitungen. Im Holzschuppen suchte ich nach Sperrholzresten und Lackfarbe. Dann fuhr ich heimlich mit dem Fahrrad von unserem Dorf in die einige Kilometer entfernte Kleinstadt, um im Eisenwarenladen kleine Scharniere zum Befestigen der Klappdeckel zu kaufen. Es gab leider nur ziemlich große Scharniere, die eigentlich zum Anschlagen von schweren Schranktüren gedacht waren. Ich nahm sie trotzdem mit und fing erst mal an. Schon am nächsten Tag hatte ich mit Lineal und Bleistift alle erforderlichen Einzelteile auf den Sperrholzplatten aufgezeichnet und begann mit Feuereifer, sie mit der Laubsäge auszusägen. Es waren ziemlich viele Teile, und es zeigte sich bald, dass das Sägen viel länger dauern würde, als ich mir in meinem kindlichen Optimismus gedacht hatte.

Niemand sollte mitbekommen, was ich da vorhatte. Deshalb schloss ich mich in den Wochen vor dem Fest fast jeden Nachmittag bis zum Abendbrot im Keller ein und sägte, was das Zeug hielt und die Säge hergab. Weil ich dabei vor lauter Ungeduld nicht selten viel zu fest andrückte, hielten die dünnen Laubsägeblätter oftmals gar nicht lange und zerbrachen mir reihenweise, sodass ich immerzu unterbrechen musste, um neue einzuspannen. Ich freute mich zu sehen, dass es voranging. Aber als ich die sechzehn Seitenwände der vier Einzelfächer endlich fertig hatte, stellte ich fest, oh Schreck, dass ich bei einigen Teilen nicht genau gemessen hatte – die Stücke passten nicht zusammen! Ich musste also noch mal ran und einige Teile noch einmal aussägen.

Ich sägte und schwitzte und strengte mich an. Dabei hörte ich oft, wie sie oben Weihnachtslieder sangen. Vermutlich hatten sie den Adventskranz angezündet, und es roch nach Orangen und Schokoladenplätzchen. Währenddessen saß ich hier im Keller und musste in einer Tour niesen von dem Holzstaub, den ich mit meiner ganzen Sägerei produzierte. Ob ich denn nicht auch beim Adventssingen dabei sein wolle wie sonst immer, fragte meine Mutter wieder und wieder. Natürlich wollte ich, aber ich wollte auch mein Überraschungsgeschenk fertig bauen. Es nützte nichts, ich musste weiterarbeiten.

Nun war es nur noch eine Woche bis Weihnachten, und ich war noch lange nicht so weit, sodass ich schon anfing zu schwitzen, wenn ich nur an das Nähkästchen dachte. Dennoch sägte und sägte ich unermüdlich. Und dann, endlich, war ich über den Berg: Mit Tischlerleim verklebte ich die Teile, und nun passte auch alles zusammen. Dann galt es, einen Tag zu warten, bis der Leim richtig fest war. Drei Tage bis zum Fest. Jetzt waren der Henkel und die Scharniere für die Klappdeckel zu montieren, die schwierigste Angelegenheit, wie ich schon ahnte. Und dann wollte ich den fertigen Nähkasten ja auch noch mit weißer und grüner Lackfarbe anstreichen.

Bei dem Versuch, die viel zu großen Scharniere mit viel zu dicken Holzschrauben an den dünnen Sperrholzteilen zu befestigen, passierte es plötzlich: Der mühevoll vorbereitete Klappdeckel zerbrach. Und mir blieb nur eine knappe Stunde Zeit bis zum Abendessen! Ich überlegte nicht lange und versuchte es mit dem zweiten Klappdeckel. Aber auch der riss der Länge nach auf und war ebenfalls dahin. Verzweifelt stand ich vor meinem Werk. Was nun? Ich brauchte kleinere Scharniere, die mit viel kleineren Schrauben auskommen, und ich müsste sofort anfangen, neue Deckel auszusägen. Keine Chance mehr, das am gleichen Abend hinzukriegen, und auch morgen nicht.

Wo jetzt noch die passenden Metallteile herbekommen, hier im Dorf gibt es keinen solchen Laden, schoss es mir durch den Kopf, geschweige denn, das ganze Ding auch noch anzustreichen, damit die Farbe bis Heiligabend trocken ist ... Als in diesem Moment die Mutter zum Abendessen rief, im Hintergrund die besinnliche Weihnachtsmusik, da war es aus mit meiner Beherrschung. Ich fing hemmungslos an zu heulen. Die Tränen rollten, und die Anstrengung und Anspannung der letzten Wochen brachen aus mir heraus. Ich hatte mich übernommen, und das musste ich mir jetzt eingestehen. Was sollte ich nur tun?

Ich wollte nichts essen und auch mit niemandem mehr reden. Ich wollte nur noch ins Bett. Als ich mich etwas beruhigt hatte, kam meine Mutter und erzählte mir, dass sie sich schon seit Tagen Sorgen um mich gemacht hatte, weil ich die ganze Zeit so merkwürdig bedrückt wirkte. Unsicher begann ich ihr zu berichten, wie die Geschichte sich zugetragen hatte. Von ihrem Vorschlag, den Vater mit einzubeziehen, wollte ich nichts hören. Insgeheim war mir schon bewusst, dass ich gerade ihm mit diesem Vorhaben beweisen wollte, was ich schon konnte, und dass ich mindestens ebenso gut im Basteln und Bauen war wie er. Er hatte über mich und meine Fähigkeiten staunen sollen, denn so etwas traute er mir bestimmt nicht zu – und nun das.

Nach und nach gelang es meiner einfühlsamen Mutter dann aber doch, mich davon zu überzeugen, dass es noch eine Chance gäbe, das Geschenk für die Schwester zu retten, nämlich dann, wenn ich den Vater einweihen würde und ihn mithelfen ließe. Als mir endgültig klar wurde, dass es entweder so oder überhaupt nicht gelingen konnte, willigte ich schließlich ein.

Als meine Schwester am Abend schlief, ging ich mit den Eltern in den Keller und zeigte ihnen zögernd mein missglücktes Werk. Bedächtig schaute mein Vater auf die fertigen Teile. Er nickte und schob anerkennend die Unterlippe vor. Er fragte, wie ich mir diese und jene Einzelheit vorgestellt hatte, dann war ihm offenbar klar, was zu tun wäre, und er versprach, am folgenden Nachmittag mit mir gemeinsam zu versuchen, das Vorhaben Nähkästchen zu retten.

Am nächsten Tag, es war nun schon der 23. Dezember, kam er etwas früher von der Arbeit. Er hatte kleine Scharniere und feine Schrauben besorgt. Wir sägten gemeinsam zwei neue Deckelplatten aus, und er baute mit viel Geschick und nach meinen Anweisungen alles genau so zusammen, wie ich es mir vorgestellt hatte. Mein Herz hüpfte vor Freude, als das fertige Gebilde vor uns stand. An diesem Abend durfte ich etwas länger aufbleiben, und wir strichen das neue Nähkästchen gleich noch mit weißer Lackfarbe an.

Dann war der Heilige Abend da. Da die Farbe noch nicht trocken war, stellten wir mein Geschenk auf dünnen Holzleisten in einer Schüssel unter den Weihnachtsbaum. So ganz perfekt war es nun doch nicht geworden, weil ich es nicht richtig einpacken konnte. Aber es war fertig, und ich war so stolz und glücklich, dass ich es geschafft hatte, obwohl ich meinen Vater damit nun nicht mehr hatte überraschen können.

Gleich spielen konnte meine Schwester mit dem für mich so aufwendigen Geschenk nicht, weil man die noch recht klebrige Oberfläche noch gar nicht anfassen konnte. Und ein Nähkasten war zu der Zeit auch nicht gerade das, was ihr unbedingt fehlte. Damals und auch später hatte sie mit Nähen nicht allzu viel im Sinn, glaube ich. Sie staunte ein bisschen, bedankte sich artig und begann, mit sichtbar größerer Freude, sich den beiden Puppen zuzuwenden, die sie auch unterm Baum gefunden hatte. Mir machte das in dem Moment aber nichts aus, denn ich hatte mit all meiner Arbeit mir selbst das größte Geschenk gemacht.

Über die Jahre geriet die Geschichte in Vergessenheit. Umso verblüffter war ich, als ich vor einigen Jahren, nun sind wir ja längst erwachsen, meine Schwester zum ersten Mal in ihrer neuen, größeren Wohnung besuchte. Ich war ein bisschen sprachlos, als ich in einem Regal mit Büchern und Reiseerinnerungen vollkommen unerwartet das Kästchen entdeckte, das mir damals solche Sorgen bereitet hatte. Ganz selbstverständlich zwischen anderen schönen Dingen stehend, erinnerte es mich augenblicklich an meine kindliche Not und gleichzeitig an den damals empfundenen Stolz über das dann doch noch gelungene Werk. Ich hatte nicht gewusst, dass sie es über dreißig Jahre lang aufgehoben hatte.

DANKE, PAPA

Manuela Unger-Pretzsch

Heute vor fünf Jahren starb mein Vater. Er starb am Samstag des dritten Advents. Am frühen Morgen wollte ich ihn wie jeden Morgen in den vergangenen Wochen im Krankenhaus anrufen, doch er hob nicht mehr ab. Die Stationsschwester, die ich dann erreichte, gab ausweichende Antworten, die Ärztin, auf deren schnellen Rückruf ich in höchster Anspannung gefühlt eine Ewigkeit wartete, sagte das Unfassbare: «Ihr Vater ist tot.»

Gerade am Vortag noch glaubte ich ihn über den Berg. Mich freute, ihn bald zu Hause zu betreuen. So sehr, dass ich losmarschiert war und den größten und prächtigsten Weihnachtsbaum gekauft hatte, der je in unserem Wohnzimmer geprangt hatte. Und gerade eine Woche zuvor war ich bei meinem Sohn in Tränen der Verzweiflung und der Angst um meinen Vater ausgebrochen. Was mein Sohn mir an jenem Abend verschwiegen hatte, waren die nur mühsam hervorgebrachten Worte, die mein Vater an ihn gerichtet hatte: «Andi, du musst jederzeit damit rechnen ... Pass mir auf deine Mama auf!»

Dieses «Pass mir auf deine Mama auf ...» hatte er bereits am ersten Advent zu meiner Tochter gesagt. Ich hatte all diese Ankündigungen nicht realisieren wollen und hatte bei meinen Kindern nur verzweifelt geschluchzt: «Wenn es am vierten Advent wirklich dazu kommt, dass wir ihn abholen können, dann ... dann ist für mich Weihnachten.»

Wir trugen ihn am Freitag des vierten Advents zu Grabe.

Das Weihnachtsfest vor fünf Jahren war auf seine Art das traurigste, aber auch das bewegendste, das meine Familie und ich je gefeiert hatten. Wie ich es schaffte, den prachtvollen Baum zu schmücken, weiß ich nicht mehr. Wir fanden uns zusammen in aller Stille, tieftraurig, bis ins Innerste erschüttert. Noch heute kann ich die eisige Faust spüren, die mein Herz umklammert hielt, gemildert nur von der tröstlichen Anwesenheit meiner Familie. Das Wohnzimmer erstrahlte auch an diesem Weihnachten wie immer stimmungsvoll in festlichem Kerzenlicht, aber alle Kerzen brannten nur für meinen Vater. Mit viel Schmerz kochte ich genau das Essen, das er so gerne gegessen und an dem Heiligen Abend vor vielen Jahren, den nur wir beide gemeinsam gefeiert hatten, so fantastisch für uns zubereitet hatte. Und ich ertappte mich dabei, wie ich tatsächlich den Telefonhörer abnahm, um ihn, den begnadeten Hobbykoch, wie so oft anzurufen, um nach Garzeit und Backofentemperatur zu fragen.

Seine Stimme würde jetzt für immer schweigen.

Es gab an diesem Heiligen Abend gebeizten Lachs, Roastbeef, auf den Punkt gebraten, mit Rotwein-Charlottensoße, dazu Feldsalat, zum Nachtisch Crêpes Suzette.

Genau wie ungefähr dreißig Jahre zuvor, an dem Weihnachten, das mein Vater und ich ganz allein zusammen verbrachten. Nur wir zwei.

Ich war damals in der Endphase meines Studiums, lebte vierhundertfünfzig Kilometer von ihm entfernt. Seit der Scheidung meiner Eltern verbrachte ich den 24. Dezember immer mit meiner Mutter und besuchte ihn dann an einem der Weihnachtstage. In dem Jahr damals bat er mich darum, doch einmal am Heiligen Abend bei ihm zu sein. Meine Mutter konnte den Heiligen Abend bei ihrer Schwester und deren Familie verbringen, beschwerte sich hierüber aber sehr, was ich auch verstand und was mir leidtat.

«Ich kann die Mutti nicht allein lassen …», versuchte ich ihm zu erklären.

«Gut», hatte er geseufzt, «dann bin ich eben wieder allein. In Ordnung, verstehe ich.»

Der unterdrückte Schmerz in seiner Stimme brach mir schier das Herz, und so fuhr ich dieses eine Mal zwei Tage vor Weihnachten mit schlechtem Gewissen meiner Mutter gegenüber in meinem kleinen roten Auto zu ihm. Noch heute sehe ich das Strahlen in seinen Augen, als ich ankam.

Seine Penthouse-Wohnung war typisch für einen Mann, der allein lebte – von der Haushälterin gepflegt, aber unpersönlich. Am nächsten Morgen kauften wir zusammen Lebensmittel ein, und voller Stolz stellte er mich überall vor: «Das ist meine Tochter!»

Beladen wie die Nikoläuse kamen wir zurück. Dann zogen wir noch einmal los, um einen Weihnachtsbaum zu ergattern, es war einer der letzten gewesen, ein ziemlich schief gewachsenes Ding, das wir mit Mühe im Ständer befestigten.

«Irgendwo im Keller muss noch der alte Christbaumschmuck sein …», meinte er.

Ich fand ihn schließlich: den alten und sicher nicht mehr zeitgemäßen Christbaumschmuck meiner Kindheit, von dem mein sentimentaler Vater sich nicht hatte trennen können. Damit wurde der Baum geschmückt, und vor dem Hintergrund der alten Möbel aus Ehezeiten, von denen er sich auch nicht trennen konnte, erinnerte mich das Wohnzimmer an die Weihnachten meiner Kindheit.

Draußen wurde es dunkel, aus der Küche strömte herrlicher Bratenduft. Am Weihnachtsbaum entzündeten wir die Kerzen, keine Lichterkette, sondern wie immer echte Bienenwachskerzen. Mein Vater klingelte lächelnd mit dem Glöckchen, und etwas verlegen stimmten wir wie früher *Alle Jahre wieder* an – jetzt nur zu zweit. Und dann war sie plötzlich da, diese ganz besondere Stimmung, die man nur an Weihnachten verspürt – feierlich, festlich, freudig, etwas rührselig. Wir stießen mit Sekt an und überreichten uns unsere Päckchen – mein Geschenk an ihn war ein dunkelblauer Kaschmirschal, das weiß ich noch heute. Von ihm bekam ich wie immer einen Scheck mit einem größeren Geldbetrag und ein kleines flaches Etui. Darin lag auf dunkelblauem Samt eine weißgoldene Halskette mit einem Solitärdiamanten. Sie gehört noch heute zu meinen kostbarsten Schmuckstücken.

Gemeinsam bereiteten wir das Essen zu – ich sehe ihn noch heute vor dem Backofen in der Hocke die Soße abschmecken: «Hmmm, das ist uns gut gelungen!»

Wir genossen den Abend mit gutem Wein und noch besseren Gesprächen – herzlich, intensiv, tiefgründig, humorvoll, verbindend. Es sind sein Humor, seine scharfsinnige Klugheit und seine Wärme, die mir heute fehlen. Wir waren glücklich miteinander und einander sehr nahe.

Dieses Weihnachten bewahre ich für immer als Schatz in meiner Seele.

Wir lesen jedes Jahr am Samstag des dritten Advents eine Messe für meinen Vater. Das gibt ihn mir nicht zurück, aber es tut mir gut, etwas für ihn zu tun. Es tut mir auch gut, seinen Namen noch einmal zu hören. Es ist Tradition und Trost, dass meine Familie und ich danach um Mitternacht den Weihnachtsmarkt in unserer kleinen Stadt besuchen, mit Trauer und voll Dankbarkeit an ihn denken und uns gleichzeitig an Glühwein und Trompetenklang erfreuen.

Vor dem Hintergrund der schrecklichen Erinnerungen an den Heiligabend vor fünf Jahren sind die Weihnachtsfeste mit meiner Familie nun umso erfüllter. Meine Seele hat meinen toten Vater gesucht und gefunden und ihm einen festen Platz gegeben in meinem weiteren Leben. Er ist mir für immer auf wunderbare Weise präsent – er hatte nicht nur Charakter, er war ein Charakter. Durch ihn bin ich zu der Person geworden, die ich heute bin.

Danke, Papa.

Und wenn meine Familie und ich in diesem Jahr wieder vor den leuchtenden Kerzen des Weihnachtsbaumes unsere Gläser erheben, wenn wir uns frohe Weihnachten wünschen und, von meiner Tochter am Klavier begleitet, einstimmen in *Alle Jahre wieder*, dann, dann ist auch er in meinem Herzen mit dabei.

MEIN ERSTES WEIHNACHTSFEST ALS EHEMANN

Josef Przyklenk

Was kostet die Welt, ich will sie mir kaufen!» So tickte ich in meinen frühen, wilden Jahren. Dann schlug mir eine andere Stunde, und eine Macht nahm mich gefangen, die stärker als aller Entdeckerdrang war: die Liebe. Na gut, dachte ich mit einem lachenden und einem weinenden Auge, dann eben Hochzeit statt Neuseeland!

Damals, im Jahr 1960, waren Wohnungen in Köln so kostbar wie Edelsteine. Ich wohnte möbliert bei Mutter Klodt. Nach der Hochzeit durfte meine Frau mit in mein Zimmer ziehen. Zunächst lief alles glatt. Doch dann sagte Mutter Klodt: «In der Küche können nicht zwei Frauen kochen, und euer Zimmer ist für drei Personen später ohnehin zu klein.»

«Ist das eine Kündigung?», fragte ich.

«Ja», sagte sie.

«Und das vor Weihnachten?», fragte ich.

«Ja», sagte sie.

«Schöne Bescherung», sagte meine Frau. Klang gar nicht lustig. Zum ersten Mal sah ich ihr Gesicht sorgenumwölkt und dachte, Neuseeland wäre einfacher gewesen! Laut sagte ich: «Wo ein Problem, da eine Lösung!», und versuchte, die Zuversicht eines Ehemanns auszustrahlen.

Die Lösung kam in Gestalt meines Kollegen Hans, der mir riet, ein ungenutztes Dachgeschoss, von dem er gehört hatte, selber auszubauen, und gleichzeitig seine und die Hilfe einiger Kollegen anbot. Es gibt nichts Gutes, sagte er, außer man tut es! Also wurde verlegt und verputzt, gestemmt und verfliest. Der Vermieter fragte fassungslos, ob die Heinzelmännchen nach Köln zurückgekehrt seien.

«Natürlich», sagte Hans, «die suchen jedes Jahr zur Weihnachtszeit einen aus, der es nötig hat. Dieses Jahr hat es eben unseren Juppemann getroffen!»

Ein Ehemann hat es nicht leicht, sinnierte ich. Dachgeschoss ausbauen, Einrichtungen anschaffen für Schlafzimmer, Küche – Stühle, Sofa ... und kein Geld! Hättest mehr sparen müssen. Das Junggesellenleben hat eben gekostet! Aber das Verheiratetsein erst! Dann lieferte die Fantasie Zukunftsbilder: Das Dachgeschoss, fertig ausgebaut. Meine Frau und ich sitzen auf dem eigenen Sofa, sehen uns an, zwei kleine Ärmchen strecken sich uns entgegen, zwei Füßchen strampeln, zwei Augen lachen. Auch wild, so ein Leben. Nur eben anders.

Drei Tage vor Weihnachten waren wir mit dem Ausbau fertig. «Tapezieren geht nicht. Die Wände sind noch zu feucht», sagte Hans. Wider seinen Rat tapezierte ich in einer heimlichen Nachtaktion als Überraschung für meine Frau wenigstens die Küche. Die Küchenmöbel wurden angeliefert und aufgestellt. Und der Kochherd. Er diente auch zur Beheizung. Zentralheizung gab es nicht.

Mich durchflutete Glücksgefühl: Ich hatte durch die Hilfe der Kollegen und eigene Leistung ein Zuhause geschaffen! Sogar tapeziert. Stunden voller Glück unter dem ersten eigenen Weihnachtsbaum standen bevor, dachte ich, als ich meine Frau abholte. Wir gingen durch die weihnachtlich geschmückten Straßen. Meine Frau blieb stehen, nahm meine Hand, legte sie auf ihren Bauch: «Hat sich wieder bewegt», sagte sie.

«Schlaues Kind, es merkt, dass unsere Herbergssuche erfolgreich war und ein Tapetenwechsel bevorsteht», sagte ich und lachte. Meine Frau stimmte ein, und dieses Lachen hob uns über die Erde, als würden wir schweben.

In unserer Mansarde angekommen, entzündete ich ein Feuer im Herd und die Kerzen am Weihnachtsbaum. «Wie die Flammen knistern», sagte meine Frau. «Richtig romantisch!» Die Herdplatte begann zu glühen.

«Das ganze Zimmer knistert. Die Wände, die Decke. Überall Romantik», sagte ich, Unheil ahnend. Das trat ein. Die Tapete löste sich vom nassen Untergrund. Überall gleichzeitig.

«Hilfe», schrie meine Frau, «ich bin eintapeziert!» Herabfallende Tapetenbahnen hatten sie und teilweise den Weihnachtsbaum umschlungen. «Achtung die Kerzen!», rief ich und erstickte die Flammen. «Schöne Bescherung», sagte meine Frau und lachte.

«Die Wände waren noch zu feucht zum Tapezieren», sagte ich, «und durch die Wärme ...»

«Egal, du hast es jedenfalls versucht, und dein Tapetenwechsel hat funktioniert.»

Ich knüllte die klebrigen Tapetenbahnen zu einem Ball zusammen, trat dagegen und sagte: «Voll daneben!»

«Trotzdem ein wunderbares Tor. Dein erstes als zukünftiger Vater», lachte meine Frau.

Dann saßen wir in der tapetenfreien Küche auf unserem Sofa unter den neu angezündeten Kerzen, hörten das Knistern im Herd, suchten Namen – Junge oder Mädchen? – und schmiedeten Pläne. Das Sofa wurde zur Kommandobrücke, die Küche zum Schiff mit Mast und Segel, unsere Gedanken zur Brise, die uns glücklich ins Meer der Zukunft trug.

HIMMEL UND ERDE

Maria Volkermann

Die schönste Advents- und Weihnachtszeit der vergangenen Jahre war die mit meiner kleinen Enkeltochter Jessy. Es war für mich die helle Freude mitzuerleben, mit welcher Begeisterung die Kleine Plätzchen ausstach und verzierte, wie andächtig sie meinen Weihnachtsgeschichten lauschte und sich an einfachen Basteleien versuchte. Wir besuchten das Weihnachtsmärchen im Theater, sangen Lieder bei Kerzenschein und freuten uns gemeinsam auf das Christkind. Ich genoss meine Großmutterrolle in vollen Zügen.

An einem Samstag im Advent hatte sich Jessys Papa zum Mittagessen angemeldet. Ich kochte meinem Sohn sein Lieblingsgericht, einen bodenständigen westfälischen Eintopf mit dem Namen «Himmel und Erde». Er besteht aus Kartoffeln und Äpfeln, die zusammen gegart, gestampft und mit Salz, Zucker und einem Stich Butter abgeschmeckt werden. Meine Schwiegermutter, von der ich das Rezept übernommen hatte, servierte dazu gebratene Blutwurst, aber wir bevorzugen heute Frikadellen oder Bratwurst.

Meine vierjährige Enkeltochter war natürlich dabei, als die ganze Familie am Küchentisch saß und sich die bäuerliche Mahlzeit schmecken ließ. Jessy sah staunend zu, wie sich ihr Papa immer wieder den Teller füllte und enorme Mengen der einfachen Hausmannskost verspeiste. Dabei gab er lobende Kommentare von sich, «Hmm!» und «Lecker!».

«Warum heißt das Essen ‹Himmel und Erde›, Omi?», fragte mich die Kleine.

«Ganz einfach», erklärte ich, «die Kartoffeln wachsen in der dunklen Erde und die Äpfel an einem Baum, der seine Äste in den Himmel streckt.»

Als endlich der Heilige Abend da war, ging ich mit meiner Kleinen zum Familiengottesdienst in die Kirche. Die übrigen Familienmitglieder wollten in der Zwischenzeit den Baum aufstellen und schmücken.

Die Kirche war brechend voll, aber wir fanden noch einen Platz in den hinteren Bankreihen, Jessy auf meinem Schoß, damit sie besser sehen konnte. Der Gottesdienst begann mit dem Lied «Macht hoch die Tür», danach begrüßte unser Pastor die Gemeinde mit den Eingangsworten. Das Kind war ganz aufmerksam und faltete sogar die Hände beim Gebet.

Als der Pastor begann, die Weihnachtsgeschichte vorzulesen, öffnete sich das Kirchentor, und Maria und Josef, dargestellt von zwei Konfirmanden, betraten den Kirchengang. Hinter sich her zogen sie einen Esel, der in der Gemeinde als Laienschauspieler wohlbekannt war. Er hatte nicht nur bei Krippenspielen mitgewirkt, sondern auch schon als Komparse beim Fernsehen. Ich kannte Erwin den Esel gut, er lebte auf einem Bauernhof in unserer Nachbarschaft.

Das Trio zog langsam zum Altar. Dabei verlor Erwin

einige seiner Äppel, die unsere Küsterin, ausgerüstet mit Kehrblech und Handfeger, diskret entfernte.

«… denn sie hatten sonst keinen Raum in der Herberge», las der Pastor vor.

Maria und Josef bezogen ihren mit Strohballen ausgestatteten Platz neben dem Altar. Ein großer Weidenkorb diente als Futterkrippe, und darin lag eine Babypuppe auf Heu gebettet. «Und es waren Hirten in derselben Gegend auf dem Felde», fuhr der Pastor fort.

Wieder öffnete sich die Kirchentür, und drei junge Hirten erschienen in langen Mänteln und Schlapphüten. Sie gesellten sich zur Heiligen Familie. Erwin zupfte sich indessen einige Halme Heu aus dem Korb mit dem Jesuskind, war aber ansonsten brav. Selten wurde die Weihnachtsgeschichte so anschaulich dargestellt.

Jessy verfolgte staunend und mit roten Bäckchen das Geschehen. Dieser Kirchenbesuch war ein Erlebnis für sie und schritt leider viel zu schnell voran.

Gegen Ende des Gottesdienstes war unser Pastor mit seinem Segen dran und sprach die Worte: «Der Herr, der Himmel und Erde gemacht hat!»

Darauf erklang laut und deutlich die Stimme meiner Enkelin: «Himmel und Erde isst mein Papa immer so gerne!»

Verhaltenes Gelächter, das anschwoll, weil Lachen bekanntlich ansteckt. Diese ungewohnten Geräusche verunsicherten den Esel, er riss den Kopf hoch und schmetterte eine dreifache «Iii-Aaah»-Fanfare in das Gotteshaus.

Nun gab es für die Gemeinde kein Halten mehr, ein vielstimmiges Lachkonzert füllte die alte Kirche aus, begünstigt durch eine gute Akustik.

Jessy versteckte ihr Gesicht in meinem Mantel, sie schämte sich für ihren Zwischenruf.

Der Pastor bemühte sich um eine ernsthafte Ausstrahlung, was ihm einiges abverlangte und sein Gesicht wegen der Anstrengung erröten ließ. Dann schaute er zur Orgel hoch und nickte kaum merklich. Der Organist schaffte es schnell, das Gelächter mit herrlichem Orgelklang zu übertönen. «O du fröhliche, o du selige!» erklang. Die Gemeinde fing sich augenblicklich und sang andächtig und gefühlvoll das schöne alte Weihnachtslied mit. Ich wischte mir Tränen aus den Augenwinkeln und strich meiner Enkelin übers Haar.

Und dann bekamen wir alle doch noch unseren Segen, diesmal ohne Zwischenruf und Gelächter.

Auf dem Heimweg erklärte ich Jessy die Schöpfung: «Der Herr, das ist der liebe Gott, und er hat nicht nur den Himmel und die Erde geschaffen, sondern auch die Menschen, die Tiere und alles, was wächst und gedeiht, auch die Kartoffeln und die Äpfel, aber kochen müssen wir selber. So, und nun lass uns sehen, ob das Christkind schon da war.»

DIE WEIHNACHTS-STIEFEL

Sonja Hieke

Wir wohnten damals am Rande der Stadt in einer Lehmhaussiedlung. Diese kleinen Häuser, die zum Ende des Krieges gebaut worden waren, sollten den Flüchtlingen aus dem Osten als behelfsmäßige Unterkunft dienen, somit auch meinen Eltern. Ich bin dort geboren und aufgewachsen. Für uns Kinder der Siedlung war selbige ein wahrer Segen, denn trotz Stadtnähe genossen wir alle Annehmlichkeiten für Kinder in einer dörflichen Gemeinschaft.

Besonders schön in Erinnerung ist mir die Weihnachtszeit geblieben, vielleicht ein wenig verklärt, aber schließlich war es die Kindheit, in der um diese Jahreszeit immer richtig Winter herrschte. Die verschneite Umgebung lockte uns nach der Schule geradezu hinaus. Bis es dämmerte, vergnügten wir uns am Straßengraben, dessen Schräge uns als Rodelbahn genügte; und auf der sich anschließenden Wiese ließen wir Weihnachtsengel im Schnee entstehen. Besagte Wiese hatte stets eine wassergefüllte Senke, die uns als Eisfläche zum Schlittern sehr willkommen war. Müde, mit roten, verschwitzten Gesichtern und schneebedeckter Kleidung ging es dann nach Hause, wo eine warme, gemütliche Stube wartete und sonntags manchmal auch ein Bratapfel in der Ofenröhre brutzelte. In Vorfreude auf diese Leckerei ging das Schneeabklopfen und Ausziehen der durchnässten Sachen besonders schnell.

Kaffeerunden am Nachmittag mit Pfefferkuchen oder gar Schokoplätzchen waren damals äußerst selten, denn diese Köstlichkeiten waren knapp und für unsere kinderreiche Familie zu teuer. Alles, was dergleichen erstanden wurde, blieb natürlich dem bunten Teller am Weihnachtsabend vorbehalten. Wir vermissten aber nichts, denn dazu war die Vorfreude auf Weihnachten meistens viel zu groß.

Einmal wurde die winterliche Vorweihnachtszeit durch mein eigenes Verschulden getrübt.

Ich war damals knapp neun Jahre alt, und wir Kinder genossen die ersten Wintertage sehr intensiv und ausdauernd. Da passierte es. Die erste Frühlingssonne verscheuchte einen Tag lang den Winter, es taute. Und obwohl meine Mutter mich nachdrücklich ermahnt hatte, nicht mit den neuen warmen Lederstiefeln im Schneematsch den Winterfreuden zu frönen, schlug ich alle Warnungen in den Wind und vertraute meinem kindlichen Optimismus. Es würde schon gut gehen. Ging es aber nicht. Der Schneematsch setzte meinen Schuhen übel zu. Als meine Füße nass waren, war es zu spät, die Schuhe konnte man buchstäblich auswringen. Nun war guter Rat teuer. Bei meiner Mutter konnte ich mir keinen holen, denn schließlich hatte ich ihre Warnungen ignoriert und fürchtete die Schelte.

So nahm ich die Schuhe und stellte sie tropfnass, wie sie waren, in die heiße Ofenröhre. Diese Schwitzkur bekam ihnen gar nicht. Ich erinnerte mich erst wieder an sie, als meine Mutter einen eigenartigen Geruch im Zimmer bemängelte. Kurz darauf zog sie die bis zur Unkenntlichkeit verformten Schuhe heraus. Ich wartete auf das Donnerwetter, aber nichts geschah. Doch! Meine Mutter setzte sich an den Tisch und weinte still.

Ich war ratlos. Das hatte ich nicht erwartet. Heute weiß ich natürlich ihre Tränen einzuordnen. Schuhe gab es zu der Zeit nicht in Hülle und Fülle, aber was viel schwerer wog, war die Frage, woher so kurz vor Weihnachten noch das Geld für neue kommen sollte.

Als ich am nächsten Tag in Erklärungsnot eine Entschuldigung stammelte, sagte meine Mutter nur, dass ich für den Rest des Winters Gummistiefel tragen müsse. Das war eine größere Strafe, als wenn sie mir «den Kopf gewaschen» hätte, denn draußen war wieder herrlicher Winter. Nur ich konnte ihn kaum genießen, weil meine Füße zu schnell kalt wurden, außerdem schämte ich mich für meine Gummistiefel, sie waren ja keine Winterschuhe. Sehnsüchtig und traurig schaute ich vom Fenster aus dem übermütigen Treiben da draußen zu und überlegte, wie ich am besten aus dieser Klemme herauskommen könnte.

So verdrängte ich in der letzten Woche vor dem Fest alle Wünsche, die ich verkündet oder heimlich gehegt hatte, und reduzierte sie per Wunschzettel auf ein Paar neue warme Winterstiefel.

Die Aussichten waren schlecht, und niemand, wirklich niemand machte mir Hoffnung. Selbst die lustige Prozedur, die mein Vater an jedem Heiligabend vornahm, konnte meine Stimmung nicht aufhellen. Er zauberte nämlich stets aus zwei quasi in letzter Minute erstandenen Weihnachtsbäumen, die jeder für sich keine Berechtigung gehabt hätten, so bezeichnet zu werden, einen wunderschönen Baum. Für mich wuchs dagegen die Spannung bis zum Dunkelwerden ins Unermessliche, und nichts konnte mich diesmal ablenken.

Dann endlich war es so weit. Die Wohnzimmertür ging auf, und mein Blick fiel auf die Geschenke unter dem Baum, aber von Schuhen war nichts zu sehen. Ich konnte meine Enttäuschung kaum verbergen, ein Kloß saß mir im Hals. Nicht einmal der bunte Teller tröstete mich. Dann entdeckte ich ganz hinten unter dem Baum, von allen scheinbar nicht beachtet, einen Karton. Als ich meine Mutter fragend ansah, nickte sie mir zu, und schon hatte ich das Papier aufgerissen. Da waren sie, meine neuen warmen Winterstiefel. Ich war überglücklich. Von meinen Blicken und Händen an diesem Abend mehrfach gestreichelt, stellte ich sie später sogar neben mein Bett, um mich nicht von ihnen trennen zu müssen.

Die Woche in Gummistiefeln war so lehrreich für mich gewesen, dass ich diese Schuhe zu schätzen wusste und noch heute Dankbarkeit verspüre, wenn ich darüber nachdenke, wie meine Eltern es wohl bewerkstelligt haben, dass es mir wieder richtig gut gehen konnte. Die folgenden Wintertage durfte ich sorglos und gut beschuht erleben.

DAS FRANZÖSISCHE CHRISTKIND

Lieselotte Benedict

Das Weihnachtsgefühl begann schon Ende November. Am rot gefärbten Abendhimmel konnte man erkennen, dass das Christkind Plätzchen backte. Nun konnte es natürlich nicht alle Plätzchen, die an Weihnachten gebraucht wurden, alleine backen, und so halfen alle Mütter und Großmütter mit. Wenn die frühe Dunkelheit hereinbrach, die Familie zu Abend gegessen hatte und das Geschirr gespült war, wurden die Backzutaten auf dem großen Küchentisch bereitgestellt.

Meist wurde mit Anisplätzchen begonnen, denn die mussten eine gewisse Zeit ruhen, damit sie sich beim Backen «scherzten». Das bedeutet, dass sich die Oberseite der Plätzchen wie eine Art weißes Hütchen anheben muss. Bis man wusste, ob es gelingen würde, war die Spannung fast unerträglich.

Wir waren fortschrittlich und hatten schon einen Gasbackofen mit einer offenen Flamme auf jeder Seite. Damit konnte man eher mit dem Gelingen des Backwerks rechnen als mit dem Kohleherd meiner Großmutter. Aber mir schmeckten die Anisplätzchen immer, ob mit oder ohne

Hütchen. Welche Sorte auch immer ihren Backduft verströmte, jede war einfach wundervoll.

Meine größte Aufmerksamkeit bekamen die «Müsterchen». Die durfte ich, nachdem ich mir gründlichst die Hände gewaschen hatte, mit ausstechen. Es waren immer die gleichen Förmchen, die auch das Christkind verwendete. Das wusste ich, weil das Christkind manchmal Plätzchen verlor, die ich dann sofort und noch vor den Festtagen essen durfte.

Es war die erwartungsvollste Zeit des Jahres. Ich versuchte immer wieder, durch Fragen herauszubekommen, ob ich mir Hoffnung auf ein bestimmtes Geschenk machen konnte. Meine Mutter tat geheimnisvoll. Es sei etwas, das vor Weihnachten in unsere Familie käme und sicher sehr zum Gelingen des Festes beitragen würde.

Meiner Fantasie waren keine Grenzen gesetzt. Sollte ich vielleicht doch den Hund bekommen, den ich mir schon lange innigst wünschte? Als meine Mutter merkte, in was ich mich da hineinsteigerte, hielt sie es für besser, mir so gut gelaunt wie möglich zu erklären, dass wir über die Weihnachtsferien Besuch von einem französischen Studenten bekämen, der Deutsch lernen wolle und dessen Eltern Bekannte meiner Eltern waren. Das war eine herbe Enttäuschung. Da wäre mir ja selbst der kleinste Kanarienvogel lieber gewesen.

Doch Henri, von uns Hännrie genannt, erwies sich als gar nicht so übel. Er lächelte mit seinen dunklen Augen auf mich herunter, und er roch gut. Er wurde in unser Gästezimmer einquartiert, und die sonst immer offene Tür war fortan geschlossen. Einmal übernahm er sogar die Onkelrolle in einem Spiel mit meiner Freundin und unseren

Puppen. Seitdem waren wir trotz der Verständigungsschwierigkeiten hellauf begeistert von ihm, und er wurde zum Objekt unserer Neugier. Aber wir wussten, dass wir in seinem Zimmer nichts zu suchen hatten.

An einem der Adventssonntage luden meine Eltern die Nachbarn zum Kaffee ein. Der Tisch wurde festlich gedeckt, und eine runde Kuchenplatte mit sorgsam dekoriertem Gebäck wurde daraufgestellt. Natürlich war dies nur ein Teil des Weihnachtsgebäcks, und man konnte und durfte sich auch nicht daran satt essen. Dazu gab es noch einen Gugelhupf, von dem jeder ein Stück zu essen hatte. Deswegen wurde er auch heimlich «Stopfer» genannt.

Zu den Nachbarn gehörte auch meine Freundin. Wie die Großen saßen wir am Tisch und verzehrten unseren Kuchen. Danach wurde es uninteressant für uns. Denn jeder schien einige Wörter Französisch zu kennen, die er nun anbrachte, um sich mit Henri zu verständigen. Dabei sollte Henri doch Deutsch lernen.

Meine Mutter erlaubte uns, aufzustehen und in meinem Zimmer zu spielen. Wir stiegen die Treppe hinauf. Um zu meinem Zimmer zu kommen, mussten wir an Henris Gästekammer vorbeigehen. Wir kamen aber irgendwie nicht daran vorbei. Wir schauten auf die geschlossene Tür. Es kostete uns schon Überwindung, den verbotenen Raum zu betreten. Wir sahen uns um. Ich öffnete vorsichtig die Tür. Wir schlichen in das Zimmer und schlossen die Tür leise hinter uns.

Wir waren so mit der Tür beschäftigt, dass ich zuerst nur den Geruch, den ich von Henri kannte, wahrnahm. Doch dann blieben wir beide wie vom Donner gerührt stehen.

Da war ein fast lebensgroßes Schwarz-Weiß-Foto von einem wunderschönen Wesen an der Wand befestigt. So etwas Unglaubliches hatten wir beide noch nie gesehen. Es hatte ein wunderschönes, freundliches Gesicht und lange, blonde lockige Haare. Es trug eine Art glitzerndes Diadem mit großen weißen Federn, die wie Sonnenstrahlen aussahen. Aus ähnlich weißen Federn waren die Flügel. Das Wesen trug glitzernde Riemen über seinen Schultern, ähnlich wie bei unseren Schulranzen. Anscheinend waren die Flügel sehr schwer. Das Wesen war nicht kräftig. Überhaupt war es sehr dünn angezogen.

Es trug ein prächtiges Bikinioberteil, an dem Glitzerketten befestigt waren, die über die ausgebreiteten Arme des Wesens verliefen und am Handgelenk in einem Armband zusammengefasst waren. An einem winzigen, aber ebenfalls prächtig glitzernden Bikiniunterteil waren weiße Federn angebracht, die wie ein kleines Röckchen aussahen. Dieses Röckchen verlängerte sich hinter den nackten, langen Beinen zu einer glitzernden Federschleppe, sodass sie die breite Treppe bedeckte, die das Wesen mit unglaublich hohen, glitzernden Absätzen hinunterstieg.

Am rechten unteren Rand des Fotos standen zwei Worte in geschwungener Schrift: *Folies Bergère.* Was das wohl heißen sollte? Wir konnten kein Französisch. *Foliäs Bergere?* Vielleicht bedeuteten die Worte ja so viel wie fröhliche Weihnachten?

Lange waren wir nicht fähig zu sprechen. Ein magischer Zauber ging von dem geheimnisvollen Lächeln dieses feenartigen Wesens aus. Seine Gestalt hatte etwas Aufregendes. Diese Erscheinung würde unser Leben verändern. Für immer würde uns dieses geheime Erlebnis zusammenschweißen. Leise schlichen wir in mein Zimmer. Als wir die Sprache wiederfanden, kamen wir überein, dass es sich bei dieser überirdischen Erscheinung um das französische Christkind handeln musste, das von der Himmelstreppe herabstieg.

Jedenfalls war eines klar: Genau so wollten wir später, wenn wir groß waren, einmal aussehen.

WEIHNACHTEN IN SIMONSDORF

Brunhilde Spangenberg

Ich war auf der Reise vom Hauptbahnhof Danzig über Dirschau und Marienburg nach Simonsdorf. Die Großeltern hatten mich zu Weihnachten eingeladen.

Groß war die Vorfreude, der Großvater erwartete mich schon am Bahnsteig. Er hob mich samt Köfferchen von der Plattform herunter und schritt auch diesmal wieder auf die große Postwaage zu, auf der er mich absetzte, um mich zu wiegen. Aus der Brusttasche seiner Postuniform zückte er einen Notizblock und einen Kopierstift, den er kurz mit der Zunge anfeuchtete, dann notierte er mein Gewicht.

Danach hob er mich wieder auf seinen Arm, meinen Koffer nahm er in die andere Hand, und so trug er mich quer über die Bahngeleise zum rückseitig des Bahnhofs gelegenen Wohnhaus.

Meine Großmutter wartete schon mit heißer Milch und duftendem Marmorkuchen. Mein Vetter Gerd, elf Jahre alt und vier Jahre älter als ich, lebte ständig bei den Großeltern.

Nach dem Kuchenschmaus spielten wir mit der Oma *Mensch ärgere Dich nicht* bis zur Abendbrotzeit. Der Großvater versorgte inzwischen die Haustiere mit Futter, schaffte Holz und Kohle ins Haus für die großen Kachelöfen und den Küchenherd.

Nach dem Abendessen wurden alle Adventskerzen angezündet, und wir sangen mit Oma und Opa viele schöne Weihnachtslieder. Am anderen Morgen musste Opa nach Neuteich fahren und ein paar Einkäufe tätigen. Simonsdorf hatte nur einen Kolonialwarenladen; dort gab es eben nicht alles, was man zu Weihnachten so brauchte.

Mittags war er wieder voll bepackt zurück, doch einen Tannenbaum hatte er nicht mehr bekommen. Oma war außer sich: «Zwei Kinder im Haus und kein Tannenbaum, Johann, das geht nicht!»

Aber Opa wusste Rat. Er schickte uns, den Gerd und mich, in das nächstgrößere Dorf, dort gab es einen Weihnachtsmarkt.

Schnell waren wir warm verpackt und hatten den Schlitten aus dem Stall geholt. Opa gab uns noch ein zusätzliches Stück Leine mit, und natürlich bekam Gerd ein paar Silberstücke in seine Hosentasche gesteckt und gezeigt, wie groß der Tannenbaum ungefähr sein sollte. So zogen wir los. Die Mittagssonne stand schon ziemlich schräg am Himmel, und der Schnee knirschte unter unseren Füßen.

«Es wird heute noch Schnee geben, beeilt euch!», rief der Opa uns hinterher. Etwa vier Kilometer waren zu bewältigen, die wir aber fröhlich singend schafften. Einer saß jeweils auf dem Schlitten, und der andere zog. So hatten wir schnell den Marktplatz des Ortes erreicht. Buntes Treiben, Verkaufsbuden, Musik aus allen Ecken, Leierkastenmänner, Karussells mit Pferdchen, Autos, Feuerwehr,

Eisenbahnen und vieles andere mehr. Ich konnte nicht glauben, was ich da sah. Dazu dieser Duft von Lebkuchen, gebrannten Mandeln, Schmalzkuchen, Bratwürsten und Bratäpfeln. Nie zuvor hatte ich das alles gesehen. Gerd lachte nur und meinte, ich solle den Mund schließen, der mir vor Staunen offen stand.

Dann sah ich an einer langen Hauswand eine Reihe Tannenbäume stehen und einen alten Mann mit Pelzmütze, der gerade einen Tannenbaum verschnürte.

«Woll'n wir uns was kaufen?», fragte Gerd. «O ja!», rief ich gleich voller Freude. Wir liefen von einer Bude zur anderen und konnten uns nicht entscheiden. Sollte es ein Lebkuchen sein? Zuckerwatte oder gebrannte Mandeln? Ein Liebesapfel, eine Waffel oder ein Herz? Schließlich hielten wir von allem etwas in den Händen, und an einer Schleife hing uns ein Lebkuchenherz um den Hals.

Nun aber wollten wir zu dem alten Mann mit den Tannenbäumen zurück. Doch bevor wir dort ankamen, bemerkten wir in dieser langen Hauswand eine geöffnete Tür. Neugierig schauten wir hindurch in einen riesigen Raum mit vielen Holzbänken neben- und hintereinander. Viele Menschen saßen dort und aßen und tranken, was sie gerade auf dem Markt gekauft hatten. Wir gingen auch hinein, denn es war schön warm, setzten uns auf eine Bank und begannen ebenfalls, an unseren Kostbarkeiten zu naschen. Mir war schwindelig vor lauter Glück. Ich wusste nicht mehr, ob ich wachte oder träumte. Zu viele neue Eindrücke stürmten auf mich ein, es war wie ein Rausch!

Plötzlich gingen im Saal die Lichter aus, die Seitentür, durch die wir hineingeschlüpft waren, wurde geschlossen, und vorne, auf einer großen weißen Fläche an der Wand, begann es zu flimmern. Jemand klimperte auf einem Klavier, und es klang beängstigend, fast unheimlich.

Ohne es zu wissen, waren wir in ein Wanderkino geraten, und ein Stummfilm spulte vor uns ab. Nun verloren wir beide den Boden der Realität unter den Füßen, eng aneinandergekauert saßen wir auf der langen Bank unter lauter fremden Menschen und wussten die Situation nicht einzuschätzen. Wir ängstigten uns, und es beschlich uns ein schlechtes Gewissen. Wir ahnten, wir hatten Unrecht getan!

Als es auf der Leinwand wieder nur flimmerte, das Licht heller wurde und die Seitentür wieder geöffnet wurde, da stürzten wir zwei – wie auf Kommando – zur Tür hinaus, als wäre uns der Teufel auf den Fersen. Hinter uns Gelächter. Nun standen wir also draußen, sahen aber keinen Opa mit Pelzmütze und keine Weihnachtsbäume mehr.

Das heulende Elend packte uns nun! Gott sei Dank fanden wir noch unseren Schlitten, den wir hochkant an die lange Hauswand gestellt hatten.

Wie aus den Wolken gefallen stand plötzlich wieder der alte Mann vor uns und sprach uns freundlich an. Unter Tränen erzählten wir von unserer «Missetat» und dass wir eigentlich nur einen Tannenbaum hatten kaufen sollen. «Na», meinte er, «da habt ihr aber Glück, ein einziges Bäumchen habe ich gerade noch, es ist allerdings ein wenig krumm, darum blieb es übrig!»

Wie viel Geld er dafür verlangte, weiß ich nicht mehr, hörte meinen Vetter aber sagen: «So viel haben wir nicht mehr!»

Mir wurde ganz mulmig im Bauch, erst dachte ich, dass der Baum ja viel zu hässlich war, doch angesichts der Gefahr, ganz ohne Baum nach Hause zu müssen, hing plötzlich mein ganzes Herz an dieser kleinen Tanne. Ich wollte sie unbedingt haben. Während ich mit flehenden Augen den alten Mann ansah, liefen dicke Tränen über meine Wangen. Da nahm der gute Mann das Bäumchen, band es zusammen, legte es auf unseren Schlitten und fauchte uns an: «Nun macht aber, dass ihr nach Hause kommt, schöne Weihnachten denn auch!»

Der Mann mit der Pelzmütze verschwand ebenso plötzlich, wie er aufgetaucht war. Überall packten nun auch die Händler alles zusammen, und es wurde auf dem Marktplatz immer dunkler. Vorbei war all der Zauber, die Wunderwelt, und ich fühlte die Kälte, sah den dunklen Himmel, an dem die ersten Sterne blitzten, dachte an den Heimweg und an die Großeltern, die uns sicher schon vermissten.

Wie zwei Pferdchen zogen wir beide am Seil den Schlitten hinter uns her und liefen immer schneller. Der Atem ging uns aus, Schnee fiel nun lautlos aus den Wolken. Ab und zu kamen wir an einem Haus vorbei, aus den Schornsteinen stieg Rauch, und durch die Fenster sahen wir hier und da schon Tannenbäume, deren Kerzen warmes Licht nach draußen sandten. Ach, was sehnten wir uns nach der warmen Stube der Großeltern! Tapfer stapften wir durch den höher werdenden Schnee, konnten kaum noch die Landstraße erkennen. Ein Lichtschein kam uns entgegen, der Großvater mit seiner Stalllaterne!

Ein Großvater, zwei Kinder und ein Tannenbaum standen sehr bald in Großmutters hell erleuchteter Küche.

Unser Opa erfasste die gesamte Situation mit einem Blick: die verschmierten Münder, die klebrigen Finger, die gesenkten Häupter sagten alles, und der armselige Baum war nur noch die Bestätigung für eine traurige Geschichte mit gutem Ausgang. Gerd kramte aus seiner Hosentasche noch ein paar restliche Groschen und legte sie auf den Küchentisch.

Wir warteten auf eine Standpauke, doch der Opa sagte: «Es tut mir leid, dass ich euch in diese Situation gebracht habe, aber nun seid ihr ja wohlbehalten wieder unter unseren Fittichen, der Heilige Abend kann beginnen!»

Dabei drückte er uns an sich, und es wurde mir leicht und warm ums Herz. Bald darauf saßen wir gebadet und festlich gekleidet mit Oma und Opa im Weihnachtszimmer und staunten über den hübschen Tannenbaum. Der Großvater hatte ihn gerichtet und so schön geschmückt, dass ich glaubte, nie einen schöneren gesehen zu haben. Es wurden ganz gemütliche und kuschelige Weihnachtstage mit viel Freude über die Geschenke und die Naschereien.

Gerd spielte auf seinem Akkordeon viele schöne Weihnachtslieder, und wir sangen dazu.

Manchmal zwinkerte uns der Großvater zu und lächelte uns an, als wollte er sagen: «Ich weiß ja alles, war's denn wenigstens schön?»

WINTERWUNDERLAND

Birgit Kirschke-Giese

Tief verschneite Landschaften, strahlender Sonnenschein und klirrende Kälte. Jung und Alt beim fröhlichen Schlittschuhlaufen auf zugefrorenen Seen, lachende Kinder, die hohe Hügel auf Schlitten hinabrodeln. Das Knirschen des glitzernden Schnees unter dick gefütterten Winterstiefeln.

Erinnerungen an die eigene Kindheit werden wach, während ich meinem zehnjährigen Enkel Luca zuschaue, wie er auf einer künstlich angelegten Eisbahn vor einem großen Möbelhaus seine Runden zieht und mir strahlend zuwinkt. Es liegt weder Schnee, noch ist es sonderlich kalt. Er kennt es nicht anders, denke ich bei mir. Wie schade, ist mein nächster Gedanke. Und dann tragen mich meine Erinnerungen weit weg in eine andere Zeit.

Wie fast jeden Nachmittag nach der Schule hatten Petra und ich uns zum Schlittschuhlaufen auf dem Ihlsee verabredet. Es war recht kalt, und die Sonne strahlte vom blauen Himmel. In jenem Jahr war der Wintereinbruch bei uns in Norddeutschland sehr zeitig gewesen. Schon seit Anfang Dezember war es so kalt, dass der See ein paar Tage zuvor offiziell von der Feuerwehr freigegeben werden konnte. Das war sehr wichtig, denn dann wussten wir mit Sicherheit, dass das Eis dick genug war und keine Gefahr mehr bestand, womöglich einzubrechen.

Wir trafen uns winterlich eingemummelt in unseren dicken Norwegerpullovern vor dem Eingang am Fahrradständer und plapperten gleich wild drauflos, als hätten wir uns nicht den halben Tag lang in der Schule gesehen. An Themen und Gesprächsstoff mangelte es uns nie. Wir waren an diesem Tag sehr aufgedreht, standen doch die Weihnachtsferien kurz vor der Tür. Fröhlich und unbekümmert stapften wir zu den Bänken direkt am See, um uns die Moon Boots aus- und die Schlittschuhe anzuziehen.

Mit großem Hallo wurden wir begrüßt, war doch wie meistens bereits die halbe Schule an dem See am Ihlwald eingetroffen. Im Sommer war dieses Plätzchen ein schönes Freizeitbad, in dem sich ebenfalls immer alle trafen – so, wie es in einer Kleinstadt eben üblich ist. Stefan, Petras großer Bruder, und seine Freunde spielten schon fleißig Eishockey mit ihren Holzschlägern und den provisorischen Torbegrenzungen aus Taschen, Rucksäcken und Jacken. Ein paar jüngere Mädchen standen kichernd daneben.

Wir staksten auf den Bremszacken der Kufen über den schneebedeckten Rasen bis aufs Eis und fingen an, unsere Runden zu drehen. Im letzten Winter hatten wir viel geübt, und mittlerweile konnten wir rückwärtsfahren und sogar kleine Pirouetten drehen. Dies endete zwar oft mit schmerzhaften Popos beim Hinfallen, aber das war uns egal. Hauptsache, es machte Spaß!

Nachdem wir erst einmal genug vom Eislaufen hatten, fuhren wir zu der kleinen Holzbude, die am Seeufer aufgebaut worden war, um unsere Bäuche und kalten Gliedmaßen mit allerlei Leckerem zu verwöhnen. Wir entschieden uns für einen heißen Kakao mit Sahnehaube.

Noch heute erinnere ich mich an den köstlichen Geschmack. Ganz besonders lecker war auch der Kinderpunsch, dessen Duft von Nelken, Zimt, Orangen und Sternanis meine Sinne durchzieht, als wäre es erst gestern gewesen.

Frisch gestärkt durch die schmackhafte heiße Schokolade, fuhren Petra und ich noch eine knappe Stunde auf dem Eis, bis wir uns entschlossen, uns wieder in wärmere Gefilde zu begeben. So langsam kroch die Kälte in alle Glieder.

Wir hatten die spontane Idee, meine Oma zu besuchen. Das machten wir ziemlich oft, denn ihr Haus stand immer offen für mich und meine Freunde. Und es gab die köstlichsten Naschereien und Gerichte, die man sich nur vorstellen konnte. Wenn ich nur an den Schlehenpudding mit Vanillesoße denke, läuft mir das Wasser im Mund zusammen.

Gesagt, getan. Nachdem wir unsere Schlittschuhe wieder gegen die dicken Winterschuhe eingetauscht hatten, fuhren wir frohen Mutes und mit dampfendem Atem auf unseren Rädern los.

Bei Oma Martha angekommen, zog ein herrlicher Duft durch das Treppenhaus. Heute war Back-Tag, und es roch verführerisch nach meinem Lieblingskuchen, einem Butterkuchen mit Streuseln. Wir hasteten in den zweiten Stock des Mehrfamilienhauses und klingelten Sturm. Oma öffnete uns mit mehlverschmierter Schürze die Tür. Unsere Ungeduld auf den leckeren Kuchen zauberte ihr ein verschmitztes Lächeln ins Gesicht.

«Hinein in die gute Stube», forderte sie uns wie immer auf.

Nachdem wir uns der dicken Schichten unserer Kleidung entledigt hatten, spürten wir, wie die wohltuende Wärme unsere Körper durchzog. Alles kribbelte, aber nach und nach tauten wir auf, was sogar ein klein bisschen wehtat, vor allem an den Beinen. Bevor wir uns setzten, rief Petra zuerst ihre Mutter an, damit diese sich keine Sorgen machte. Bei Oma im Flur stand eine Telefonbank, wie man sie früher oft hatte. Die war sehr praktisch, denn da es noch keine schnurlosen Telefone gab, konnte man direkt an Ort und Stelle bleiben und lief nicht Gefahr, sich in der langen Schnur zu verheddern. Omas brokatüberzogenes Telefon hatte damals natürlich noch eine Wählscheibe.

Als Petra ihr Gespräch beendet hatte, nahmen wir auf dem Sofa im Wohnzimmer Platz und bewunderten einmal mehr das riesige Ölgemälde, das auf der gegenüberliegenden Seite an der Wand hing. Es zeigte bunte Boote im Abendlicht. Außerdem bestaunten wir das vorweihnachtlich geschmückte Wohnzimmer, das dadurch herrlich gemütlich wirkte mit all den Kerzen und dem schönen Adventskranz, der in der Mitte des Tisches stand. Oma brachte uns derweil je einen Teller mit dem köstlichen Butterkuchen und stellte dazu zwei Becher heiße Milch mit Honig auf den Tisch. Petra und ich griffen beherzt zu, und schon nach ein paar Minuten sahen wir aus, als wären wir total ausgehungert gewesen. Milchbärte zierten unsere Lippen, und die Streusel vom Kuchen waren überall verteilt, vor allem auf unserer Kleidung. Wir konnten uns das Kichern nicht verkneifen, als wir uns gegenseitig ansahen. Oma lachte mit und erzählte uns den neuesten Klatsch aus dem Haus. Danach spielten wir zu dritt noch eine Runde *Mensch ärgere Dich nicht.* Beim nächsten Besuch, sagte Oma Martha, würde sie uns wieder ihre leckere Fliederbeersuppe mit Äpfeln und Grießklößen kochen. Allein bei dem Gedanken lief uns prompt das Wasser im Mund zusammen.

Gesättigt und aufgewärmt, wie wir waren, mochten wir gar nicht mehr hinaus in die Kälte, um mit den Rädern nach Hause zu fahren. Aber es half alles nichts. Morgen war wieder Schule, und wir mussten rechtzeitig zum Abendessen zu Hause sein. Es war die Zeit ohne Handys und Computer. Heute für viele kaum noch vorstellbar.

Meine Gedanken kehren wieder ins Hier und Jetzt zurück. Luca hat mittlerweile genug vom Eislaufen und bringt gerade seine Leih-Schlittschuhe an die Ausgabestelle zurück. Ich betrachte ihn lächelnd, als er näher kommt, und dann beschließe ich, ihm bei einem Becher heißem Kakao im Zelt gegenüber von den Erinnerungen zu erzählen, die mir eben durch den Kopf gegangen sind. Luca liebt alte Geschichten, und dafür bin ich sehr dankbar.

Kaum habe ich geendet, unterbricht er mich ganz aufgeregt: «Das hört sich alles an wie aus einer anderen Welt. Ich finde es traurig, dass es im Winter kaum noch schneit. Ich würde gern mal einen richtigen Winter erleben, so wie du! Dann könnte ich auch auf dem See Schlittschuh laufen, einen großen Schneemann bauen und mit einem Schlitten fahren!»

Ein bisschen Wehmut macht sich bei uns beiden breit, und dann gehen wir schweigend Hand in Hand zu meinem Auto, das auf dem großen Parkplatz des Möbelhauses geparkt steht.

Luca, der in einer anderen Stadt nicht sehr weit von

uns entfernt lebt, übernachtet an diesem Wochenende bei meinem Mann und mir. Ich lasse es mir an diesem Abend nicht nehmen, eine Fliederbeersuppe für uns zuzubereiten, nach dem Rezept meiner Oma. Unser Enkel kennt diese noch nicht und kann nach dem ersten Löffel gar nicht genug davon bekommen. Am Ende sind unsere Zungen und die Lippen rotbläulich verfärbt, worüber wir alle schmunzeln müssen. Die Zeit vergeht wie im Flug mit Spielen wie *Monopoly* oder *Mensch ärgere Dich nicht*, Basteln und Spazierengehen. Ehe wir uns versehen, ist das Wochenende schon wieder vorbei.

Ein paar Wochen später, Weihnachten und Silvester sind längst vorüber, geschieht das Unerwartete. Die Temperaturen sinken, es wird kalt und kälter. Und dann fängt es mitten im Februar an zu schneien. Es hört gar nicht wieder auf! Tagelang schneit es. Die Landschaft sieht aus wie mit Puderzucker bestäubt, die Bäume sind weiß vom Raureif. So etwas Schönes habe ich schon sehr lange nicht mehr gesehen. Die Sonne scheint an manchen Tagen, der Schnee knirscht unter den Füßen. Es ist unglaublich – unglaublich schön.

Luca ruft mich am Freitag nach der Schule ganz außer Atem an und schreit vor Aufregung in den Hörer: «Oma, schneit es bei euch auch so doll? Das ist soo toll! Genau, wie du es erzählt hast, so wie in deiner Kindheit! Freust du dich auch so wie ich? Darf ich dieses Wochenende wieder zu euch kommen? Gehen wir mit Opa Schlitten fahren? Darf man schon aufs Eis?»

Ich komme kaum zu Wort und freue mich unbändig über die Begeisterung unseres Kleinen. «Natürlich kannst du zu uns kommen. Wir freuen uns! Ja, ich finde den

Schnee auch richtig klasse. Das Eis wird wohl noch nicht ganz zugefroren sein, aber rodeln werden wir auf jeden Fall. Und einen Schneemann bauen. Und einen heißen Kakao trinken. Wir werden viel Spaß haben.» Ich kichere wie ein kleines Mädchen.

Mein Mann lehnt während des Telefonates an der Küchentür und schmunzelt, bevor er sagt: «Zwei aufgeregte Kinder, das eine groß, das andere klein. Das kann ja heiter werden. Also auf ins verschneite Winterwunderland.»

DIE FRAU AM KACHELOFEN

Hille Lux

Im Oktober waren wir von Lübeck nach Bremen gezogen. Ich war elf Jahre alt. Paps hatte in Hemelingen eine Tierarztpraxis eröffnet, Mom fuhr täglich mit dem Bus zum Krankenhaus Mitte, wo sie als Krankenschwester arbeitete.

Jetzt war es Anfang Dezember. Der erste Schnee breitete ein weißes Tuch über die Erde. Nachmittags nach der Schule stromerte ich alleine umher und erkundete die Umgebung. Freundinnen hatte ich in Bremen noch nicht.

Die Straße, in der wir wohnten, war eine Sackgasse. Am Wendeplatz stand ein kleines Haus aus schmutzig gelbem Backstein hinter einem niedrigen, verrosteten Eisenzaun. Von der Tür und den Fensterrahmen blätterte bläuliche Farbe ab. Nirgends war ein Namensschild oder eine Klingel angebracht. Doch ein Fenster war beleuchtet. Das Licht schien durch bunte Bilder aus Transparentpapier, die an der Scheibe klebten: Engelsköpfe, Glocken, Tannenzweige mit Kerzen, ein Weihnachtsmann mit Sack auf dem Rücken.

Mein Herz klopfte heftig, als ich durch die angelehnte

Eisenpforte des Zaunes schlüpfte. Sie quietschte in ihren Angeln. Die geriffelten Sohlen meiner Stiefel hinterließen die ersten Abdrücke in der noch unberührten Schneedecke beim Haus. Ich ging zu dem erleuchteten Fenster. Meine Schritte knirschten im Schnee.

Neugierig drückte ich das Gesicht an die Fensterscheibe. Ich schaute in ein kleines Zimmer. Dunkle, klobige Holzmöbel füllten den Raum. In einem verschlissenen grünen Ohrensessel, der neben einem weißen Kachelofen mit schwarzen Eisentüren stand, saß eine alte Frau. Ihre Augen waren geschlossen. Eine gelbbraune Stehlampe mit Troddeln spendete mildes Licht.

Das Gesicht der Frau war von tiefen Falten durchzogen. Es erinnerte mich an einen Troll in meinem Märchenbuch. Die Füße steckten in einem Fußsack aus Fell und standen auf einer kleinen grünen Fußbank. Über ihren Knien lag eine bunte Strickdecke, unter die sie die Hände gesteckt hatte. Um den Kopf trug sie ein geschlungenes, dunkelblaues Tuch, unter dem eine weiße Haarlocke hervorlugte.

Die Frau öffnete die Augen. Ich schrak zusammen. Sie sah mich am Fenster, lächelte und machte eine einladende Geste, die andeutete, dass ich ums Haus herumgehen sollte. Ich war neugierig und ging ums Haus. Im verschneiten Hinterhof sah ich die Tür, die von innen geöffnet wurde.

Die Frau schaute heraus und winkte. «Komm nur herein.»

Ohne auf eine Antwort zu warten, drehte sie sich um und humpelte an einem Stock ins Hausinnere zurück. Ich ging hinter ihr durch eine kleine, blau-weiß gekachelte Küche, durch einen schmalen, schummrigen Flur ins Zimmer mit den dunklen Möbeln und dem Kachelofen. Es roch nach Kerzen, Tannennadeln und Bratäpfeln. Eine Wanduhr tickte.

«Setz dich hierher.» Die Frau deutete auf einen Stuhl neben dem Ohrensessel. «Wie heißt du?»

«Maja.»

«Maja. Wie hübsch. Ich bin Hanna.»

Ich setzte mich auf die Stuhlkante und schaute mich um. Auf einem Tisch, nur eine Armlänge vom Sessel entfernt, stand ein brauner Tonkrug mit Tannenzweigen, an denen rote Kerzen und Kugeln befestigt waren. Dazwischen baumelten Strohsterne. Unter den Zweigen war eine Krippe aufgebaut.

Hanna sah meine Blicke und nickte. «Ich feiere in diesem Jahr schon etwas früher Weihnachten.» Sie zeigte auf den kleinen Stall vor der Vase. «Die Krippe stand schon unter dem Tannenbaum, als ich Kind war.» Dann ging sie zum Tisch und hob einzelne Figuren hoch. «Das hier ist Maria in ihrem blauen Gewand, und das hier ist Josef. Leider ist ihm ein Arm abgebrochen. Von den Hirten blättert die Farbe ab. Aber hier …» Sie schwenkte drei Figuren. «Die drei Könige Kaspar, Melchior und Balthasar glänzen in ihren Gewändern.»

Sie stellte die Figuren zurück und schlurfte zu einer Kommode, über der die Durchreiche zur Küche war. Dort stand eine blau gepunktete Teekanne auf einem Stövchen, daneben Tassen und Teller. Hanna stellte das Geschirr auf einen Teewagen mit Rollen. Sie legte Teelöffel und Servietten dazu, stellte eine silberne Zuckerdose neben das Stövchen und schob den Teewagen zu mir herüber. Dann öffnete sie das Ofenrohr, nahm einen Bratapfel heraus, legte ihn auf einen Teller und reichte ihn mir.

«Nimm dir dazu Zucker aus der Dose, wenn du magst. Beim ersten Schnee gibt es den ersten Bratapfel.»

Sie setzte sich in den Sessel und nahm aus einem Bastkorb ihr Strickzeug. Während ich aß, zählte sie leise Maschen und bewegte flink die Nadeln. Als ich den leeren Teller wegstellte, legte sie ihr Strickzeug beiseite, goss aus der Kanne zwei Tassen roten Tee ein und lächelte.

«Komm, ich zeig dir was.» Sie hob eine Schachtel vom Fußboden auf, öffnete sie und nahm vergilbte Fotos, ein Gesangbuch und ein Silberkettchen heraus. «Damit bin ich zur Konfirmation gegangen.»

Sie zeigte mir ein Foto, auf dem ein Mädchen ernst in die Kamera schaute und vor dem Bauch ein Gesangbuch festhielt. Um den Hals trug sie die Silberkette.

«Und hier ist ein Bild von Schnuffi, meinem Lieblingshund. Er war ein Weihnachtsgeschenk.» Hanna streichelte über das Foto, als spürte sie das Fell des Dackels. «Fünf Weihnachten hat er mit mir gefeiert. Dann wurde er überfahren. Ich habe lange geweint.» Die Stimme der alten Frau brach ab. Sie schloss die Augen. «Jetzt bin ich müde, Maja. Geh nach Hause. Aber komm morgen Nachmittag wieder.»

In den nächsten Tagen besuchte ich Hanna jeden Nachmittag. Immer schaute ich erst durch das Fenster. Jedes Mal saß sie mit geschlossenen Augen im grünen Ohrensessel am Kachelofen. Ich klopfte an die Scheibe. Hanna öffnete die Augen, stand auf, ging zur Hintertür und ließ mich ein. Wir tranken roten Tee. Ich bekam einen Bratapfel aus dem Rohr, und Hanna zeigte mir Fotos, die ich bestaunte. Dazu erzählte sie aus ihrer Kindheit, Jugend, von ihrem Sohn in Kanada und ihrem früh verstorbenen Mann. Und immer wieder von Weihnachten, von Schlittenfahrten, Schneemännern und Schneeballschlachten. Wenn sie müde war, strich sie mir übers Haar, und ich ging nach Hause.

Als ich an einem Nachmittag durchs Fenster des kleinen Hauses am Wendeplatz schaute, war der Sessel neben dem Kachelofen leer. Nur die bunte Strickdecke lag darauf. Hannas Stock lehnte an der Wand, Fußsack und Bänkchen standen daneben. Das Strickzeug hing im Tannenstrauch.

In den folgenden Tagen schaute ich immer wieder durchs Fenster, aber der Sessel blieb leer. An einem Nachmittag stand ein großer Lastwagen mit offener Ladefläche vor dem Haus. Kräftige Männer schleppten die klobigen Holzmöbel, den grünen Sessel und andere Sachen heraus und warfen alles auf den Wagen.

Ich hielt mich etwas abseits und traute mich erst wieder zum Fenster, als sie fortgefahren waren. Das Zimmer war bis auf den Kachelofen leer.

Als ich zurückging, fand ich im Rinnstein ein verschmutztes Foto, das ich aufhob und säuberte. Darauf war ein junges Mädchen im Konfirmationskleid abgebildet. Es trug ein silbernes Kettchen um den Hals und hielt ein Gesangbuch in den Händen. Einige Schritte weiter fischte ich den tönernen Balthasar aus dem Schnee. Das Foto und die Figur steckte ich in meine Manteltasche und trug sie sorgsam nach Hause. Am Heiligabend stellte ich beides unter den Tannenbaum und erzählte Mom und Paps die Geschichte dazu.

Und bis heute ist es dabei geblieben: Das Konfirmationsfoto von Hanna, der Frau am Kachelofen, und der heilige König gehören für mich zu Weihnachten.

DIE LEBKUCHEN MEINER OMA

Bernhard Ziegelmeyer

Als Kind war ich oft bei meiner Oma zu Hause, einer lieben alten Dame mit langem weißem Haar, das sie immer zu einem Dutt zusammengebunden trug. Fast jeden Wunsch erfüllte sie mir, so manches bekam ich von ihr, was mir zu Hause niemals vergönnt war.

Vor dem Abendbrot schickte sie mich zum Metzger, um hundert Gramm Salami zu kaufen. Eine Wurst, die es bei uns zu Hause nie gab. Sie war zu teuer, und das Haushaltsgeld meiner Mutter musste gut eingeteilt werden, um die vielen hungrigen Mäuler am Tisch zu stopfen. Da war es schon etwas Besonderes, wenn es eine Scheibe Wurst gab, verteilt auf mehrere Stück Brot. Ganz anders bei meiner Oma: eine Scheibe Wurst für ein Stück Brot – ein Hochgenuss!

Schon als kleiner Junge fuhr ich allein mit dem Zug zu meiner Oma in die Stadt. Anfangs holte mich mein Opa vom Bahnsteig ab, und im Winter brachte er mich abends wieder hin, setzte mich in den Zug und wartete, bis er abgefahren war. Ab dem siebten Lebensjahr war ich selbstständig genug, den Weg zu finden.

Viele Erinnerungen sind mir von den Weihnachtstagen geblieben. Vielleicht ist es der Geruch nach Lebkuchen, der die Gedanken an die Zeit meiner Kindheit am meisten weckt.

Mit Beginn der Adventszeit backte meine Oma die ersten Plätzchen. Lebkuchen mit viel Honig, Zitronat und Orangeat, gemahlenen Nüssen und Mandeln, und natürlich brauchte sie viel Mehl. Beim Backen durfte ich ihr bei allem behilflich sein, bis sie eines Tages feststellte, dass die Dosen mit Zitronat und Orangeat nur noch zur Hälfte gefüllt waren. Daraufhin wurden Opa und ich aus der Küche verbannt, und statt den süßen Teig auszurollen, gingen wir spazieren. Vorbei war es mit der Nascherei in der Backstube!

Wir liefen in den nahen Wildpark. Mein Opa kannte alle Tiere mit Namen, die meisten kamen zu seiner Begrüßung an den Zaun, um ihre Streicheleinheiten abzuholen.

Mit Einbruch der Dunkelheit machten wir uns auf den Heimweg. Schon im Hausflur empfing uns der zuckersüße Duft der Weihnachtsbäckerei. In einer Wolke aus Pfeffernuss- und Karamellaroma stiegen wir die wenigen Stufen bis zur Eingangstür hinauf. Schnell rannte ich in die Küche, in der Hoffnung, vielleicht das eine oder andere Gebäck zu erhaschen. Doch statt der Plätzchen und Lebkuchen fand ich den Tisch bereits zum Abendbrot gedeckt. Die Enttäuschung stand mir ins Gesicht geschrieben.

Eine Woche später war ich wieder zu Besuch. In einem unbeobachteten Moment machte ich mich auf die Suche nach den Köstlichkeiten. Ganz oben auf dem Schrank im ungeheizten Schlafzimmer entdeckte ich die Lebkuchen, die in verzierten Blechdosen ihren Reifeprozess durchlebten. Ein Stuhl reichte nicht aus, um an sie heranzukommen. Ich benötigte eine Leiter. Die stand nebenan in der Toilette. Leise schlich ich mich aus dem Zimmer.

«Was machst du denn in meinem Schlafzimmer?», vernahm ich die Stimme meiner Oma.

Ich erschrak fürchterlich. Erwischt, dachte ich, aber meine Oma lächelte.

«Wolltest du einen der Lebkuchen stibitzen?»

Mit hochrotem Kopf gestand ich meine nicht vollendete Tat.

«Ich hole dir einen, aber nur einen, und den musst du aufessen.» Langsam stieg sie die Leiter hoch, öffnete eine der Dosen und entnahm ihr eines der begehrten Küchlein. Mit verschmitztem Lächeln sagte sie: «Ich hoffe, er schmeckt dir.»

Gierig biss ich hinein. Aber nein, beißen war nicht möglich. Der Lebkuchen war hart wie Stein.

«Ja», sagte meine Oma und erhob ihren Zeigefinger. «Mein lieber Junge. Lebkuchen müssen reifen, sie brauchen Zeit, bis man sie genießen kann. Das wird eben erst Weihnachten möglich sein.»

Beschämt sah ich meine Oma an.

«Mein lieber Bub», fuhr sie fort, «du musst lernen zu warten. Denn, und das kannst du dir merken: Wer nicht warten kann, der kann auch nichts erwarten!»

Mit dem harten Lebkuchen in der Hand verließ ich mit schamroten Wangen das Schlafzimmer meiner Großeltern.

EINE KERZE IM FENSTER

Heiderose Reichelt

Ich habe keinen der beiden Weltkriege miterlebt, aber als ich geboren wurde, tobte bereits ein kalter Krieg zwischen den Großmächten in Ost und West. Immer wieder gab es Bedrohungen, die der Bevölkerung Angst machten – die Menschen hatten die schrecklichen Ereignisse der vergangenen Jahrzehnte noch längst nicht verarbeitet und suchten einen friedlichen Neubeginn.

Als ich drei Jahre alt war, wurde für die Bürger völlig unerwartet an der ostdeutschen Grenze eine Mauer errichtet. Mehrere Meter hoch. Fast unüberwindbar. Ein Bauwerk, das Deutschland in zwei ungleiche Hälften zerschnitt, das Seen und Flüsse, Städte und Dörfer, Straßen und Häuser teilte, Familien und Freunde trennte.

Auch Berlin war zu einer sichtbar zweigeteilten Stadt geworden. Und an der mehrere Meter hohen Stahlbetonmauer fielen immer wieder tödliche Schüsse auf Menschen, die versuchten, in den Westen zu gelangen. Eine Mauer, die immer höher und stabiler wurde und für die Ewigkeit gedacht war. Eine weitere schreckliche Periode des sogenannten Kalten Krieges hatte begonnen. Und ich wuchs mit dieser Mauer auf.

Wir wohnten nah an der Grenze im Stadtbezirk Prenzlauer Berg und konnten, wenn wir von unserem Balkon nach links schauten, eine Ostberliner Schule sehen. Blickten wir nach rechts, war etwa fünfhundert Meter entfernt eine Westberliner Schule erkennbar. Dazwischen aber trennten Panzersperren die beiden Welten, kreuzweise einbetonierte schwere Eisenträger. Sie standen am Ende unserer kurzen Straße, dahinter die hohe Betonmauer sowie mehrere Gleise für S-Bahnen und Fernverkehr und eben die Westberliner Schule im Bezirk Wedding.

Mehr als drei Jahre nach dem Mauerbau saß ich mit zweien meiner Geschwister und unserer Mutter am Heiligen Abend besonders traurig zusammen. Unser ältester Bruder war seit vier Monaten nicht mehr bei uns. Trotz dieser eigentlich unüberwindbaren Betongrenze hatte er es geschafft, friedlich in den Westteil der Stadt zu fliehen. Da er bereits erwachsen war und arbeitete, wollte er nur raus aus dem riesigen Gefängnis, das die DDR für mehr als siebzehn Millionen Menschen war, um ein freies, selbstbestimmtes Leben zu führen. Das war wenige Tage bevor ich eingeschult wurde und für uns alle ein großer Schock.

Und nun war Weihnachten 1964. Unsere Mutter hatte wie in jedem Jahr leckere Kekse gebacken, und abends bekamen wir ein Würstchen und Kartoffelsalat. Dazu ein Geschenk. Wir sagten Gedichte auf und sangen «Stille Nacht», auf dem Klavier begleitet von unserer Mutter. Ich musste weinen, als ich an meinen fernen Bruder dachte. Damals war ich viel zu klein, um zu begreifen, warum er plötzlich weggegangen war. Und fühlte mich von ihm im Stich gelassen. Vergessen.

Unsere Mutter hatte in jedes Fenster eine brennende

Kerze gestellt, so wie es viele Leute in der ganzen Stadt taten, um symbolisch ihre Verbundenheit miteinander zu zeigen. Da wir kein Telefon hatten und ein direkter Briefverkehr mit unserem Bruder wegen der Überwachung durch die Staatssicherheit zu gefährlich war, schrieben wir Briefe von Ost nach West und umgekehrt über zuverlässige Drittadressen. So hatten wir uns wenigstens nicht völlig verloren.

Überraschend bekamen wir an diesem Heiligen Abend ein riesiges Westpaket. Nicht per Post, das wäre bestimmt nicht angekommen, sondern durch einen Freund unseres Bruders. Wir waren überwältigt und weinten vor Freude, aber auch vor Sehnsucht nach ihm, als wir die Geschenke auspackten. Er fehlte uns so sehr. Besonders für mich war er immer ein großes Vorbild gewesen. Und das ist er bis heute.

Ich weiß noch, dass er mir damals einen Pelikanfüllhalter schenkte, der mir leider in der Schule bald geklaut wurde, und eine Carrera-Autobahn mit Fernsteuerung. Auch nach so vielen Jahrzehnten erinnere ich mich, wie sie aussah. Damals war ich nur sprachlos. Dazu waren in dem Paket Apfelsinen, Kaffee, Schokolade und andere Leckereien für uns alle. Natürlich erhielten auch meine beiden älteren Geschwister und unsere Mutter Geschenke. Aber welche? Daran kann ich mich nicht mehr erinnern.

Noch etwas anderes habe ich im Gedächtnis. Zu einer bestimmten Zeit am Heiligen Abend waren wir mit unserem Bruder verabredet. Er stand im Dunkeln mit einem Fernglas vor der Schule nahe den S-Bahn-Gleisen auf der Westseite und wir auf unserem Ostbalkon im dritten Stock. Zeitgleich schwenkten wir funkensprühende Wunderkerzen auf beiden Seiten. Während wir unsere Wunderkerzen hoch in die Luft reckten, sahen wir auf der anderen Seite sein Licht.

Zu Silvester schickten wir sogar jeweils drei Raketen in den Himmel. So waren wir uns ein kleines Stück näher.

Es dauerte mehr als neun lange Jahre, bis wir uns in Ostberlin endlich wiedersehen konnten, nachdem Willy Brandt als Regierender Bürgermeister Westberlins in jahrelangen Verhandlungen schließlich eine Besuchsregelung erreicht hatte. So wurde die geteilte Stadt zumindest kurzzeitig für ein paar Stunden in eine Richtung durchlässig. Und zwar von West nach Ost. Für uns und für viele andere Familien waren diese Besuche unbeschreiblich schön.

Wir stellten auch weiter jedes Jahr am Heiligen Abend Kerzen in die Fenster. Sie leuchteten in der Dunkelheit und brachten ein Fünkchen Hoffnung. Hoffnung auf Frieden und offene Grenzen.

Und dieser Wunsch ging tatsächlich in Erfüllung. Nach fast dreißig Jahren fiel die Mauer endlich in sich zusammen und die Menschen sich in die Arme. Wir waren wieder eine Familie. Aber ich war kein Kind mehr.

Das Ereignis des Mauerfalls und der Wiedervereinigung Deutschlands ist nun ebenfalls bereits mehr als dreißig Jahre her. Wir Geschwister treffen uns mit Freude jedes Jahr in der Adventszeit zum gemeinsamen Gänsebratenessen. Unsere innere Verbindung ist geblieben.

Doch wir wünschen uns noch immer Frieden und Freiheit überall auf der Welt. Und deshalb stellen wir symbolisch weiterhin in der Weihnachtszeit Kerzen in die Fenster. Lichter in der Dunkelheit.

INHALTSVERZEICHNIS

VORWORT ~ 5

WEIHNACHTSABEND ~ 7
Ilse Mucks

ERINNERUNGEN AN EIN SCHAUKELPFERD ~ 9
Heinz Hamm

TANTE HEDWIGS FRIEDENSREICHE ~ 12
Lieselotte Benedict

WARTEN AUF OMA ~ 16
Christine Pilot

DER WEIHNACHTSBAUM ~ 22
Erika Dosdall

WEIHNACHTEN 1944 IM CAMP VUGHT ~ 25
Josef Lambertz

DAS SCHÖNSTE WEIHNACHTSFEST ~ 31
Karl-Heinz Bonk

SPINNEREI ODER ...? ~ 35
Michael Hahn

KINDERGARTENKINDER ERZÄHLEN
DIE WEIHNACHTSGESCHICHTE ~ 40
Markuskindergarten 1984
Gabriele Steinmann

WEIHNACHTLICHER GRENZVERKEHR ~ 43
Christa Gruhn

DER BLITZBEUTEL ~ 48
Friedrich Peise

WEIHNACHTEN 1945 IN BRESLAU ODER
«LIEBER HEILIGER GEIST, SAGE UNS ...» ~ 52
Dieter Neuendorf

EINE TORTE ZU WEIHNACHTEN ~ 59
Heiderose Reichelt

UNSER SCHÖNSTER TANNENBAUM ~ 63
Karla Bunje

WEIHNACHTEN VOR 67 JAHREN ~ 66
Aufgezeichnet 2019
Annelies Karnovsky

VON GÄNSEKLEIN BIS STILLE NACHT ~ 69
Christine Pilot

DER 6. DEZEMBER 1945 ~ 75
Beate Schaepe

DAS KLETZENBROT ~ 78
Wilhelm Putz

IHR KINDERLEIN, KOMMET ~ 81
Ilse Mucks

WEIHNACHTEN 1914 –
EIN KURZER LICHTBLICK ~ 86
Holger Wittschen

HANS …, DAMALS … ~ 90
Joachim Frank

DER MAKRONEN-ENGEL ~ 94
Ingrid-Maria Schäfer

DIE EISENBAHN ~ 101
Dietmar Thiel

EINMAL DIE MARIA SEIN … ~ 105
Gudrun Schmidt

WEIHNACHTEN MIT MUSIK ~ 113
Eine Weihnachtserinnerung aus den 1950er-Jahren
Wolfram Horn

WEIHNACHTEN NACH
ÜBERSTANDENEM KRIEG ~ 120
Manfred Anders

DAS CHRISTKIND KOMMT ~ 127
Ingrid Seilacher

DER SELTSAME WEIHNACHTSMANN ~ 130
Dieter Rutkowski

WEIHNACHTSTRADITIONEN ~ 138
Christine Zirnstein

DIE ALTE WEIHNACHTSKUGEL ~ 142
Michael Kreutz

«STILLE NACHT» IM MAI ~ 145
Katharina Seidel

WIE MIR DAS GLASMÄNNLEIN EINEN
WEIHNACHTSWUNSCH ERFÜLLTE ~ 148
Dieter Siebald

EINE DOSE LEBERWURST ~ 152
Uwe Bernzen

SCHOKOLADE ~ 156
Johannes Smeets

WEIHNACHTEN FÜR DIE TIERE DES WALDES ~ 160
Margit Matthausch

DER FLIEGENDE CHRISTBAUM ~ 165
László Kova

WEIHNACHTSZEIT ~ 173
Andrea Kohn

DAS BLAUE PAKET ~ 179
Friederike Steinborn

WIE MISS PIGGY LAUTES HALLELUJA
UND WEIHNACHTSGIER ÜBERLEBTE ~ 184
Doris zur Linden

WEIHNACHTSBASTELN ~ 190
Régine Gastaud

OST-WEST-PAKETE ~ 196
Thoralf Schirmer

WESTCOTT ROAD ~ 201
Sabine Wicklow

OH, UNSER BLACKY! ~ 207
Edith Weber-Hebisch

DAS BEINAHE MISSGLÜCKTE
WEIHNACHTSGESCHENK ~ 210
Wolfgang Rönspieß

DANKE, PAPA ~ 216
Manuela Unger-Pretzsch

MEIN ERSTES WEIHNACHTSFEST
ALS EHEMANN ~ 221
Josef Przyklenk

HIMMEL UND ERDE ~ 225
Maria Volkermann

DIE WEIHNACHTSSTIEFEL ~ 229
Sonja Hieke

DAS FRANZÖSISCHE CHRISTKIND ~ 233
Lieselotte Benedict

WEIHNACHTEN IN SIMONSDORF ~ 238
Brunhilde Spangenberg

WINTERWUNDERLAND ~ 244
Birgit Kirschke-Giese

DIE FRAU AM KACHELOFEN ~ 251
Hille Lux

DIE LEBKUCHEN MEINER OMA ~ 256
Bernhard Ziegelmeyer

EINE KERZE IM FENSTER ~ 259
Heiderose Reichelt

HINWEIS FÜR DIE LESERINNEN UND LESER

Vielleicht haben die hier veröffentlichten Geschichten Sie angeregt, selbst eine Weihnachtsgeschichte zu schreiben.

Wenn Sie sich, liebe Leserinnen und Leser, mit einem Beitrag beteiligen möchten, schicken Sie Ihre Geschichte bitte ausschließlich an folgende Anschrift:

Barbara Mürmann
Postfach 605564
22250 Hamburg
oder per E-Mail: weihnachtsgeschichten@winbot.de

Ihre Geschichte sollte bitte noch unveröffentlicht, nicht länger als 5 Manuskriptseiten (pro Seite 30 Zeilen à 60 Anschläge) und bis spätestens **Ende März 2024** eingetroffen sein. Bitte geben Sie Ihren Kontakt an, damit wir Sie anschließend erreichen können.

Von den vielen eingesandten Geschichten hat die eine oder andere durchaus die Chance, wenn nicht in diesem, dann in einem der nächsten Bände der *Weihnachtsgeschichten am Kamin* veröffentlicht zu werden.

***

Wir freuen uns über eingereichte Manuskripte, können jedoch weder für sie haften noch sie zurücksenden oder in jedem Fall Korrespondenz darüber führen. Die Einsendung der Manuskripte erfolgt unverbindlich; eine Veröffentlichung kann nicht garantiert werden.